Guía de supervivencia para padres imperfectos

TU BEBÉ
DE 0 A 3 AÑOS

Candice Kornberg Anzel
Camille Skrzynski

Grijalbo

Para mi familia imperfecta,
mi madre y mis numerosos hermanos...
Camille Skrzynski

Para Adam, Sacha y Damien,
las más preciosas imperfecciones de mi vida.
Candice Kornberg Anzel

ÍNDICE

Papá [papá]

n. m. **1.** Persona fuerte por fuera, pero tierna por dentro (como un bombón con relleno de praliné). **2.** Persona capaz de levantar montañas, pero que no tiene por qué saber montar (bien) una cuna. **3.** Persona capaz de pedir un día libre en el trabajo a cambio de besos. **4.** Persona incapaz de salir de una tienda sin un regalo para su hijo, ni siquiera de una ferretería. *{Véase también «Superman», «Papá oso», «Papaíto», «Mamá».}*

Mamá [mamá]

n. f. **1.** Persona capaz de oír a su bebé estornudar al otro lado del apartamento, con la televisión encendida. **2.** Persona que puede asumir todos los papeles, pero que es irremplazable. **3.** Persona que sabe ver lo mejor de sus hijos, aunque la vuelvan tarumba. **4.** Persona con seis brazos, ojos en el cogote y don de la ubicuidad. *{Véase también «Wonder Woman», «Masoquista», «Extraterrestre», «Papá».}*

INTRODUCCIÓN

Si creías que lo más duro de la historia eran los tres puntos de sutura de la episiotomía, estás a punto de llevarte unas cuantas sorpresas. Esto ha sido solo lo que se suele llamar preliminares... Lo que puede aumentar tus ganas (o no) de ver qué viene a continuación. En tu caso, ya no hay opción: ¡el bebé está aquí!

¡Y tanto que está! Te observa, se deleita con tus cucamonas, se empapa de tus sonrisas, se extasía ante las caras de sus padres, totalmente sobrepasados por la situación, y aprovecha, de paso, para marcar su territorio vomitándote en la camisa.

¡A partir de ahora, tú y tu pareja sois los rehenes de un pequeño ser que rezuma amor y que se ha atrincherado en vuestro corazón de por vida!

CAPÍTULO 1

EL PRIMER AÑO DEL BEBÉ

90 % padres, 10 % pareja

Ya estáis en casa con vuestro bebé. ¡Es el principio de una nueva
vida! Hay que adaptarse al ritmo del recién nacido, que no tarda
en haceros entender que el futuro pertenece a quienes se
levantan pronto o, incluso, ¡a quienes no duermen en absoluto!
Se establece una nueva organización y las nuevas rutinas que
se imponen con el nacimiento empiezan a automatizarse.
En resumen, nos metemos de lleno en nuestro nuevo papel
de padres primerizos con las alegrías y las dificultades
que lo acompañan.

Tarjetas de celebración de nacimiento del bebé que hay que evitar

foto poco agraciada, mal encuadrada, y que no tiene en cuenta las proporciones

colores horteras

Bryan Martínez

Emos esperado 9 meces, pero ya estas aqui Bryan. Biebenido. Pesas 3,2 kilos y mides 51 cm, pero tienes ya una buena boz.

←¡Viva Mickey!

profusión de faltas de ortografía

sin comentarios...

¿Niña o niño?

Respuesta: rasca sobre la zona gris y lo comprobarás.

Tarjetas de celebración de nacimiento del bebé de buen gusto

chic y clásico

una opción con mucho humor

— LOS MEJORES —
peores regalos para el bebé

*Cuando tienes un bebé, recibes una retahíla de regalos de familiares,
amigos y colegas del trabajo que se podrían haber ahorrado sin problema,
ya sea porque son de mal gusto, inútiles o simplemente raros.
A continuación, los mejores peores regalos para un bebé recién nacido.*

Las tetinas insólitas

Ya tengan forma de cara de cerdo, de boca enorme con dientes o estén decoradas con barba y bigotes, estas tetinas con clase resaltan la preciosa carita de tu bebé. Tu primo Kévin-Jordan, sin duda, se habrá decantado por una tetina brillante y con dentadura de rapero (es decir, con dientes dorados). Si hubieras tenido una niña, te habría regalado la que lleva perlas y bisutería.

Una crema anticelulítica y antiestrías

Evidentemente, este maldito regalo solo podía ocurrírsele a tu colega Samantha, talla 36, tres hijos, deportista, rubia y de cabellos sedosos. Te la regalará mientras te dice, con un toque de condescendencia: «Me he fijado en que todavía llevas pantalones de embarazada, así que esto podría venirte bien».

El pelele-mopa para el suelo

¡Se ha acabado tener que limpiar el suelo! El bebé se encargará dentro de unos meses conforme gane autonomía. ¡Es la perfecta unión de la utilidad y lo agradable! Este fantástico regalo se le ha ocurri-do a la señora Martínez, tu vecina del cuarto. Y si no estabas segura de qué hacer con el bebé los próximos seis meses, por supuesto, puedes dejárselo a ella. Estará encantada de que le deje el parqué reluciente.

La peluca para feminizar a tu bebé

Aunque la vistas de rosa y le pongas una cinta en el pelo con un lazo enorme, la gente sigue pensando que tu niña es un chico. Tu hermano, con muy buena intención, le ha comprado una peluca: el accesorio ideal para dejar claro el sexo de la niña.

Un calentador de toallitas eléctrico

Según parece, en la pausa para el café, te has quejado de que el bebé no dejaba de gesticular cada vez que lo cambiabas. El comentario no ha pasado desapercibido, pues, sin más, tu jefe ha decidido regalarte un aparato que calienta las toallitas de tu bebé. Al fin y al cabo, si se mueve, tal vez tenga frío en las nalgas.

Un conjunto de lana tejido a mano

Tu tía María lleva cuatro meses dedicada a tejerlo. Ha invertido 272 horas y 38 minu-

> ¡Una tetina de rapero! ¡Qué detalle!

tos para acabar esta maravilla de alta costura. Lo ha hecho todo ella solita: el pequeño gorrito en burdeos, la parte de arriba de verde botella con el cuello perfecto para un hámster, la parte de abajo de azul marino que el bebé no podrá ponerse hasta los 36 meses, así como unos zapatitos violeta de la talla 31. En resumen, ya tienes el conjunto perfecto para cualquier celebración. ¡Digno de reyes!

Una bolsa con cosas de 1 a 24 meses

Tu cuñada te lo ha endosado todo: los pijamas que aún huelen a leche agria, los calcetines desparejados, las camisetas desteñidas, los pantalones con agujeros, las camisas sin botones. Y no tiene reparos en precisar: «¡En alguna parte encontrarás un anorak Jacadi para bebés de seis meses!». Genial, ¡podrás ponérselo en julio! Y, como guinda del pastel, lo ha metido todo en una bolsa de basura.

El enésimo peluche

Quienes no saben qué comprar siempre recurren a las mantitas o a los peluches; lo curioso es que a nadie se le ha ocurrido comprarte una caja para guardar los 127 peluches que se amontonan en lo alto del armario del pequeñín.

Un perro

¡Genial! Un perrito de plástico cuyos ladridos estridentes te despiertan incluso por la noche al rozarlo. Si tu bebé tiene la mala fortuna de tocarlo, hay que volver a calmarlo. Evidentemente, ya se te ha ocurrido darle al interruptor y apagarlo, pero ahora es tu bebé el que se pone a ladrar. Hay que saber elegir las peleas. Al fin y al cabo, habría podido ser peor... ¡Podría haber sido un perro de verdad!

¡Nada!

Muchas personas aparecen con las manos vacías. Pero como traen una sonrisa, ¡al final es una buena opción!

— 10 SEÑALES —
que os delatan como padres recientes

No es necesario que lo pregonéis a los cuatro vientos y paséis por delante del mostrador de biberones haciéndoos los expertos. No tenéis ni que abrir la boca para aclarar que acabáis de tener un niño... Hay ciertas señales inconfundibles.

1 **Tenéis aspecto de estar agotados:** las ojeras os llegan hasta la barbilla, vais despeinados y desconjuntados; en definitiva, parecéis un par de fiesteros que salen de la discoteca a las cinco de la mañana después de una noche de copas. Solo que de fiesta, nada de nada.

2 **El ruido que hay en vuestra casa** durante estos últimos días/noches os delata: no cabe duda, sois padres de un recién nacido que se dedica a hacer sus ejercicios vocales a las dos de la madrugada. Bueno, eso o bien os habéis convertido en asesinos en serie.

3 **Vuestra manera de comer ha cambiado.** Ya no coméis uno frente al otro. Papá se come su plato congelado, mientras mamá da de comer al bebé. Y mamá engulle un yogur, mientras papá hace eructar al bebé.

4 **Paseáis con un carrito a las diez y media de la noche.** A veces, al cabo de seis vueltas a la manzana, te decides por el arma definitiva: el coche.

5 **En los bolsillos del abrigo** o del bolso, siempre llevas una tetina, pañuelos, una mantita, un body hecho una bola, un pañal limpio, gel desinfectante y pañuelos.

¡Si hicieras una audición para protagonizar *Mary Poppins 2*, tendrías todas las de ganar!

6 **Ya no llevas joyas,** ¡es demasiado peligroso! Las cadenas y los pendientes son objetos con un alto potencial de causar un accidente. Y por muy pequeño que sea tu bebé, ha entendido perfectamente el concepto de tirar gracias a tu cabello.

7 **Dormís con un ojo abierto** (¡Y tenéis suerte! Hay quien ni siquiera puede permitirse ese placer).

8 **Siempre tenéis el móvil al alcance de la mano,** pues con un niño nunca se sabe: puede abrir los ojos, vomitar, babear...; todos momentos dignos de inmortalizar.

9 **Tienes leche reseca** sobre el hombro y las manos te huelen a toallita limpiadora.

10 **Cuando encendéis el lector de CD del coche,** la voz sexy de Adéle ya no deleita vuestros oídos, sino que la cancioncilla infantil de turno se encarga de atravesaros el tímpano. Y lo peor: a veces la escucháis aunque no haya ningún niño en el coche.

*Hemos dejado esta página en blanco
en homenaje a todos los padres que pasan
sus noches en blanco…*

Guardemos un minuto de silencio.

LOS 11 EFECTOS BOOMERANG
del embarazo

¿Pensabas que ya había pasado lo peor? ¿Que después del parto ya estabas a salvo? Está claro que no contabas con los efectos boomerang del embarazo, que vuelven antes de darte tiempo a despedirte de ellos. A continuación, los 11 efectos más o menos indeseables que no habías previsto.

1 Las náuseas matutinas.
— ¿Creías que te habías librado de ellas de una vez por todas? Para nada... Regresan con fuerza, pero esta vez están ligadas al olor del pañal sucio de la noche anterior que inunda toda tu casa.

2 La falta de libido.
— ¡Trabajito, sueñito, potito... eso no rima con nada bonito! Cuando tengas una hora para ti, aprovecharás para recuperarte un poco de la noche en vela que has pasado (y, por desgracia, no te has dedicado a dar volteretas...).

3 La frase «¿Y cuándo sales de cuentas?».
¡No, señora vecina metomentodo, parí hace ya tres meses! Y sí, estos pequeños michelines absolutamente adorables no son la señal de un embarazo de doce meses, y aún menos la de un nuevo embarazo. En general, suelen ser solo la prueba de que todavía no te has podido poner en serio con la primera fase de tu dieta. ¿Y qué? Te has pasado nueve meses engordando, necesitarás al menos el doble para volver a tu figura normal, ¿no? No todo el mundo tiene la suerte de tener una buena constitución o un entrenador personal a domicilio.

4 Separar las piernas.
— «¡Y ahora, separe bien las piernas!» Entre las visitas a la consulta del ginecólogo para comprobar que «todo» ha vuelto correctamente a su sitio y la reeducación del perineo, que no se hace sola, tendrás que volver a poner los pies en los estribos.

5 El dolor de espalda.
— Si, cuando estabas embarazada, te quejabas de los tres kilitos que llevabas en el vientre, a los tres meses tienes razones más que aceptables para quejarte de dolor de espalda después de llevar a cuestas a un bebé de 8 kg durante seis horas.

6 Los pantalones de embarazada.
— Sí, vale, bien, todo el mundo lo entiende. A los tres meses su contrato temporal se ha convertido en indefinido y se han atrincherado en tu armario, mientras tus (ex)pantalones agachan la cabeza. ¡Ya se les pasará!

7 Las preguntas del pariente entrometido.

Suelen ser del estilo: «Bueno, entonces, ¿a la próxima nos darás por fin una niña?». Es probable que cuando vayas por el quinto varón, deje de preguntártelo. Pero ya se le ocurrirá otra cosa, no te preocupes.

8 Las noches de insomnio.

Siempre habías disfrutado con las reposiciones de series a horas intempestivas de la madrugada... Solo que ahora, mientras ves *Colombo*, tienes que dar el biberón. Por suerte para ti, la identidad del asesino se revela normalmente al principio. Así, si por una feliz casualidad tu bebé se duerme inmediatamente después de bebérselo, no lamentarás perderte el final del episodio.

9 Los ratos en la sala de espera de los médicos.

Antes tenías que visitar al ginecólogo, a la comadrona, o a sesiones de haptonomía, mientras que ahora te toca ir al pediatra, a hacer fisioterapia respiratoria, al otorrino, al nutricionista... ¡Has cambiado de direcciones, pero el plan sigue igual!

10 Los malos hábitos alimentarios.

Durante el embarazo, habías puesto todo tu ahínco en seguir la dieta Dukan: comías cada vez que te entraba el gusanillo. Ahora, con el ritmo de locos que llevas, has pasado a la fase dos del régimen: pillas lo primero que ves y lo engulles cuando puedes, sin ninguna sensatez.

11 Las cremas antialgo.

Solías dedicar en torno a cinco minutos de reloj a untarte con crema antiestrías (que, por supuesto, no te ha evitado tenerlas); ahora, repites el ritual aplicándote crema anticelulítica con masajes que duran ocho minutos, pues aún insistes más en nalgas y muslos.

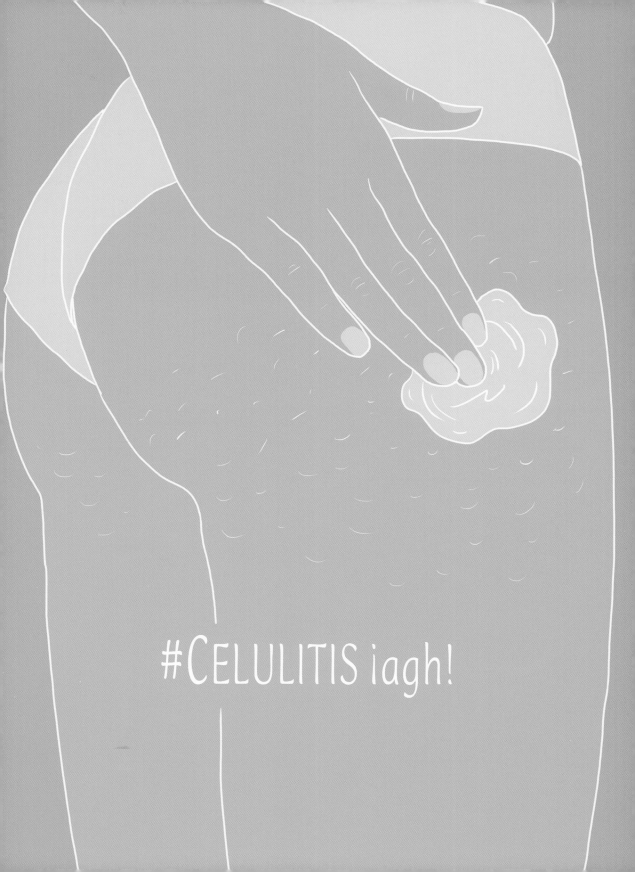

#CELULITIS ¡agh!

— EL DESCODIFICADOR —
de los llantos del bebé

¡Por fin estáis en casa con vuestro bebé! Pero ahora resulta que no para de llorar. Recordad que no tiene otra forma de expresar sus necesidades y atraer vuestra atención. Aunque sea totalmente normal que llore entre una y tres horas al día, os cuesta entender qué quiere. Con el tiempo aprenderéis a reconocer los diferentes tipos de llanto y a anticipar sus necesidades. Ahora bien, mientras tanto, aquí os dejamos unos consejos para descifrarlos.

Tengo hambre

Se pasa rápido de una fase de lloros suaves que sugieren «no me importaría comer un poco», a lloros potentes y estridentes seguidos de una inspiración que parecen decir «me muero de hambre, voy a desfallecer si no me das leche inmediatamente». En resumen, no dejes que se impaciente, porque la intensidad de los lloros estridentes aumenta cuanto más esperes para alimentarlo.

Truco: *este tipo de lloro no se produce necesariamente en las horas previstas para los biberones/tomas de leche. Una forma de comprobar si el bebé tiene, en efecto, hambre, es enseñarle la leche. Si se agarra al seno o al biberón, habrás acertado; si no, girará la cabeza o cerrará la boca. A veces, simplemente necesitará succionar algo. Puedes ofrecerle una tetina, tu dedo o tu seno para que se calme.*

Estoy cansado

Este tipo de lloro, al principio, se parece más a lloriqueos que a un llanto de verdad. Pero, en ocasiones, el niño acaba estallando en sollozos, y se duerme al cabo de diez segundos. A menudo, este tipo de llanto se produce al caer la noche, es necesario y sirve como válvula de escape para las emociones del día. En pocas palabras, vuestro bebé se descarga.

Truco: *ayudad a vuestro hijo a conciliar el sueño. Podéis acariciarlo suavemente o cantarle una nana en su cuna para que se duerma solo. Cuanto más rápido aprenda a dormirse sin vuestra ayuda, antes os dará un respiro por la noche. Y, claro, aprovechad estas pequeñas siestas para recuperaros vosotros también. ¡Son un regalo!*

Estoy angustiado

A veces, algunos bebés lloran cuando hay gente en casa, o al final del día. Es su forma de decir que ya han tenido suficientes estímulos por hoy. Muy a menudo, estos lloros, en forma de quejidos, delatan la necesidad del bebé de eliminar la tensión y el estrés acumulados.

Truco: *acunadlo y habladle con dulzura. En general, en vuestros brazos se tranquilizará.*

A veces incluso se puede quedar un ratito dormido, y tendréis 15 minutos para meteros en la ducha/preparar una comida de verdad/hacer una llamada/arreglaros las uñas de los pies/echar una microsiesta.

No me encuentro bien

Los lloros de dolor son bastante significativos. Suelen ser muy agudos, y en ocasiones van seguidos de una breve apnea. A veces van acompañados de gritos o de una postura particular. Los padres se sienten impotentes ante este llanto.

Truco: *si el bebé siente algún dolor, mantendrá los ojos cerrados y los abrirá muy poquito sin dejar de arrugar la frente. Nadie conoce mejor a vuestro bebé que vosotros. Si tenéis la impresión de que algo no va bien, consultad al médico de cabecera o al pediatra.*

Posibles causas: *un cólico, un reflujo gástrico, frecuente durante los primeros meses, o cualquier otro ejemplo de pequeño problema que requiere consultar al pediatra; pero también puede ser una molestia sin importancia que se calme con un poco de cariño. Un suave masaje en el vientre nunca va mal, y la mano cálida de un padre/madre cariñoso/a a menudo tiene efectos mágicos.*

No estoy cómodo

Demasiado calor, demasiado frío, el culito mojado, un eructo que no acaba de salir, una mala postura, o ganas de mimos: todas ellas son buenas razones para que un bebé llore con insistencia y atraiga así vuestra atención. En cuanto pongáis solución a su incomodidad, se calma.

Truco: *observad al bebé y comprobad que todo va bien eliminando los posibles orígenes. Al cabo de unos días, podréis discernir lo que le molesta y anticiparos.*

Si, después de todo esto, los llantos del bebé siguen siendo un misterio, existe una aplicación llamada «Cry Translator» («Traductor de lloros») que, en pocos segundos, te aclara la causa de los lloros de tu bebé. Hambre, sueño, aburrimiento, un pañal mojado o estrés... En cuanto la aplicación defina el origen de los gritos, vuestra nueva ayudante virtual os propondrá algunos consejos: «cámbiale el pañal», «dale un biberón» o bien «acuéstalo».

La aplicación se ha probado clínicamente y los resultados tienen un 96 % de aciertos. Este avance tecnológico se basa en los conocimientos pediátricos de los gritos y los llantos de los bebés... así que ¿por qué no darle una oportunidad?

LOS 10 GRANDES MOMENTOS DE SOLEDAD
de los padres primerizos

«Momento de soledad»: *situación en la que una persona siente vergüenza o ridículo por algún hecho que sobreviene de forma inesperada y molesta.*

Apunte importante: ¡Cuando se tienen niños ocurre todo el tiempo! Durante vuestra vida como padres sufriréis al menos uno de estos momentos al día. Resignaos, mientras seáis padres primerizos, hay unos cuantos típicos de los que no podréis escapar.

1 — Oír diez veces al día: «¡Qué guapa es! ¿Cuánto tiempo tiene?».

Y responder: «¡¡Es un niño!!».

2 — Tener que ir a sacarte la leche al dormitorio mientras tus amigos se preparan para una cena de picoteo.

En plena posición bovina, mientras te sacas la leche de los pechos, ves entrar a uno de tus amigos (que todavía no es papá) en la habitación y sientes que pierdes toda dignidad.

3 — Ir a la guardería a buscar al bebé y tener de repente una subida de leche.

Por supuesto, llevas una camiseta blanca (es verano) y tienes unas manchas circulares a la altura de los pechos. Como tienes que empujar el carrito de vuelta a casa, ni siquiera puedes taparte las manchas en el camino de vuelta. Ves que las personas con las que te cruzas te miran el pecho, después a los ojos, y vuelven a mirarte el pecho con una media sonrisa.

4 — Estar en la sala de espera de la consulta del pediatra y oír esos sonidos tan característicos de que el bebé, que tienes sobre las rodillas, está haciendo caca.

No llevas pañales limpios, ni toallitas encima (¡el enano acababa de hacer caca antes de salir!) y tienes que esperar otros 38 minutos con otros pacientes a que llegue tu turno. No se puede abrir la ventana porque fuera estamos a dos bajo cero. Lo único que puedes hacer es disculparte. Esas cosas pasan hasta en las mejores familias.

5 — Tener que sentarte sobre un cojín hinchable después de una episiotomía.

Algunas maternidades ponen a disposición de las mamás un pequeño cojín de caucho para poner bajo las nalgas, mantenerlas levantadas y evitar así los dolorosos y desagradables roces. A veces, también se usan en casa. ¡Es un momento de auténtico glamour!

6 — Pasarte el día hablando con una sola persona:

tu bebé de 2 meses.

7 — Ir a comprar crema antiinflamatoria.

Y oír a la farmacéutica compasiva, a la par que muy discreta, preguntar: «¿Es para las hemorroides o para una infección urinaria?».

8 — Quitar el pañal al pequeño y...

que te lance un chorro de pis a los ojos.

9 — Estornudar o toser y hacerte pis encima, mientras vas en el metro.

Todavía no has empezado las clases de reeducación perineal y te das cuenta de que ya es hora de que pidas cita.

10 — Oler el pañal de tu bebé en el supermercado.

Darte cuenta de que has pisado una caca de perro. Seguir fingiendo que ha sido el bebé el que ha manchado el pañal. ¡Al menos que sirva para eso!

Las 8 películas que suben la moral

Mira quién habla

Maybe baby

Un feliz acontecimiento

Qué esperar cuando estás esperando

El nombre

Los chicos de mi vida

Juno

¡Malditos vecinos!

— TEST —

¿Eres un padre (demasiado) neurótico?

No hay nadie más importante en tu vida que el pequeño ser que acaba de poner patas arriba tu vida con su llegada. Quieres protegerlo y colmarlo de amor. Procuras hacerlo lo mejor que puedes y oscilas entre la culpabilidad y la responsabilidad. A veces incluso puedes sentir ansiedad al pensar en tu nuevo papel de padre, que deja todo en un segundo plano: es perfectamente normal, sobre todo si se trata de tu primer hijo.

Si te levantas cada noche 94 veces para comprobar que tu bebé sigue respirando (y le pones los dedos bajo la nariz) o tienes pensado dejarlo dormir en tu cuarto hasta que cumpla los cinco años por estas mismas razones → ¡SÍ!

♥ Si no puedes acostarte sin comprobar que el bebé duerme tranquilamente → ¡NO!

Si cuando tu hijo está a 38,1° de fiebre vas de urgencias al pediatra → ¡SÍ!

♥ Si le das una dosis de paracetamol y esperas a ver si le baja → ¡NO!

Si cuando está a 38,6° de fiebre llamas a una ambulancia porque, nunca se sabe, podría tratarse de una gastroenteritis de pulmones o una faringitis aguda de intestinos → ¡SÍ!

♥ Si optas por abrigarlo bien y llamar al médico para pedir una cita → ¡NO!

Si cuando lo dejas al cuidado de otra persona durante una hora para ir a la peluquería envías 183 mensajes de texto y exiges fotos de tu bebé cada minuto → ¡SÍ!

♥ Si envías un mensaje de texto para saber si ha comido bien → ¡NO!

Si te lavas las manos 462 veces antes de coger al bebé en brazos → ¡SÍ!

♥ Si te lavas las manos después de cambiarlo → ¡NO!

Si al oír el menor estornudo por la noche te plantas automáticamente en su habitación → ¡SÍ!

♥ Si te despiertas cada vez que estornuda → ¡NO!

Si te has comprado un diario para anotar todos los pipís y cacas que tu bebé hace cada día, e indicas la hora, la textura, el olor... → ¡SÍ!

♥ Si observas la textura de su caca y apuntas (mentalmente) que tiene un aspecto normal ➜ ¡NO!

Si en pleno invierno cubres con ocho capas el bebé para asegurarte de que no tenga frío ➜ ¡SÍ! (Además, corres el riesgo de que se ponga enfermo...)

♥ Si le pones un gorrito para que no coja frío en las orejas (y que, además, le queda monísimo) ➜ ¡NO!

Si llevas un termómetro eléctrico en el bolsillo, que desenfundas tan rápidamente como Lucky Luke ➜ ¡SÍ!

♥ Si compruebas poniéndole los labios en la frente si tiene fiebre mientras le das un beso ➜ ¡NO!

Si te sabes el prospecto de 78 medicamentos de memoria ➜ ¡SÍ!

♥ Si lees el prospecto antes de suministrar un medicamento a tu hijo ➜ ¡NO!

LOS REMEDIOS DE LA ABUELA

que no estás obligado a seguir al pie de la letra, pero que te podrían facilitar la vida

Sobre todo durante los primeros meses, la más mínima fiebre, el más ligero resfriado, adquieren proporciones surrealistas en la vida de los padres primerizos. Corremos al médico ante la menor tontería. No obstante, si prestamos algo de atención a los consejos de las abuelas, conseguiremos hacer milagros aplicando sus remedios a las pequeñas molestias cotidianas... O al menos, vale la pena intentarlo.

Para aliviar la fiebre

Poned unas toallitas empapadas de vinagre blanco en los tobillos del bebé. No olvidéis ponerle también unos calcetines para que no se muevan. También podéis ponerle una rodaja de patata pelada bajo el brazo, aunque es posible que al bebé no le guste...

Para aliviar un pinchazo o una quemadura

La miel líquida favorece la cicatrización. Una rodaja de tomate o de melón calma el dolor. También, una cataplasma hecha con una bolsita de té alivia el dolor del pinchazo de una vacuna: basta con pasar la bolsita húmeda por encima del lugar del pinchazo. La tía abuela griega recomienda también poner una espesa capa de yogur sobre las quemaduras del sol, pues suele aliviar el dolor.

Para calmar al bébé

Para tranquilizar a un bebé, no hay nada como una infusión de amapola; para hacerla, basta con hervir tres puñados de pétalos en un litro de agua. Después, se vierte en el agua del baño del bebé. Además, dos gotas de flor de azahar en el biberón de la noche lo ayudarán a dormir mejor.

Para curar una otitis

Hay que pelar una cebolla, cortarla en trocitos y calentarlos unos segundos en el microondas. Cuando estén tibios, envolvedlos en dos gasas y colocad una en cada oreja. Para que no se muevan, podéis ponerle un gorrito al bebé; después, dejad que los efluvios hagan su efecto entre 20 minutos y unas horas.

Para aliviar los cólicos

Poned una hoja de repollo cocido sobre el vientre del bebé, así se le calmarán los espasmos. El agua con azúcar también puede mitigar los cólicos. Probad a hervir media cucharada de azúcar en 20 ml de agua. Una vez fría, dádsela directamente con un cuentagotas. Si la mamá está dando de mamar al bebé, tomar una infusión de manzanilla también le hará mucho bien.

Para cuando le salgan los dientes

Nada mejor que el frío para aliviar el malestar del bebé cuando le estén saliendo los dientes. Una vez que haya empezado a diversificar la comida, puedes probar dándole a chupar un trozo de plátano o un cuarto de manzana congelado. Antes de ese momento, también puedes poner un biberón de agua bocabajo en el congelador. La tetina del biberón quedará así totalmente helada. El ámbar también tiene propiedades calmantes, pero los collares se han dejado de usar en los últimos tiempos debido a accidentes.

Para aliviar un eritema en el culito

Echad una cucharada de bicarbonato en el baño para neutralizar los elementos calcáreos del agua, que podrían irritar las nalgas del bebé. También se dice que las cataplasmas hechas con patata y lechuga hacen milagros.

Para evitar que se maree en los viajes

Poned un manojo de perejil alrededor del cuello del bebé para evitar que se maree en los medios de transporte. Si no funciona, siempre podréis utilizar la hierba en el asado de la cena.

Para eliminar las costras de leche

Masajead el cuero cabelludo del bebé con aceite de almendra suave, dejad que actúe toda la noche, y después lavadle la cabeza con un champú muy suave a la mañana siguiente. Para que las costras se vuelvan más blandas, también se puede masajear el cuero cabelludo del bebé con aceite mineral.

Para librarse de un resfriado

Para curar un ligero resfriado, levantad la parte de la cabeza de la cuna. Después, mientras él no esté allí, airead la habitación y humidificadla. Colocad un humidificador de aire en su habitación, y añadidle unas gotas de aceite esencial de eucalipto o de tomillo (también con el bebé fuera de la habitación). Si no tenéis humidificador, un bol de agua caliente puede sacaros del aprieto. Incluso podéis, simplemente, poner a secar la ropa en su habitación. ¡Eso también funciona!

Para que deje de toser por la noche

Lo mejor es cortar una cebolla por la mitad y colocarla bajo su colchón. Ahora bien, no olvidéis poneros una pinza en la nariz cuando vayáis a despertar al pequeño a la mañana siguiente, y tampoco os sorprendáis si un olor a sopa de cebolla inunda toda la casa. Es molesto... pero funciona (o eso dicen las abuelas).

Para detener una hemorragia nasal

Empapad un algodón con zumo de limón y después ponédselo en la nariz. ¡El efecto es inmediato! (Aunque suponemos que debe de escocer...)

Para curar una conjuntivitis

Haced una infusión de manzanilla, poned a remojo dos algodones en el líquido y colocadlos sobre los ojos del bebé durante unos instantes hasta que se enfríen.

⏤ 10 COSAS ⏤
que te impiden retomar
tu vida sexual

Desde tu estancia en la maternidad, las comadronas te mencionan la posibilidad de volver a tomar métodos anticonceptivos. ¿Por qué? Pues porque en teoría, muy pronto, deberías poder retomar tu actividad sexual. Tranquila, es más bien extraño que la libido se revolucione durante los primeros meses. Volver al baile es sobre todo una cuestión de motivación, pero no es fácil: el cuerpo ha cambiado, la fatiga no te abandona y puedes sentir molestias. Tendréis que ser pacientes para volver a conocer el cuerpo del otro, recuperarlo (o no, justamente), para sentiros bien y tener ganas de dejaros llevar. Si bien es indispensable volver a utilizar alguna medida anticonceptiva para evitar otro embarazo tras el parto, algunos aspectos de vuestra vida diaria como padres primerizos pueden resultar tan eficaces como la píldora o los preservativos. He aquí los principales.

1 ⏤ Siempre estáis rodeados de objetos glamurosos.

Discos protectores para el pecho y cojines de lactancia, compresas para personas con incontinencia que llevas por los loquios (los sangrados que siguen al parto y que duran alrededor de un mes).

2 ⏤ Llevas sostenes blancos de lactancia y braguitas que no van a juego.

Y has cogido la costumbre de dejar al aire los senos, después de amamantar al bebé, levantando la copa extraíble del sujetador. ¡Menuda clase! ¡Solo te falta el látigo!

3 ⏤ Llevas un nuevo perfume.

Una mezcla sutil de leche reseca con un fondo de toallitas para limpiar el culito del bebé como nota final.

4 ⏤ Tienes una manera muy elegante de sacarte la leche.

Has optado por un sacaleches doble, para sacarte la leche de ambos pechos a la vez. Si solo fuera la imagen, pero no, también hay que tener en cuenta el ruido.

5 ⏤ Luces un pijama antisexo, pero muy cómodo para dar de mamar.

¿Y qué pasa? En Noruega la felpa es el último grito.

6 ⏤ Puede que tu pareja te quiera tal y como eres, con tus kilos de más y ese vientre flácido que te cuelga.

Pero tú eres más severa contigo misma que tu profesor de física del instituto. La simple visión de un michelín te hace apartar la mirada.

7 Llevas el albornoz de tu abuela.
— A cuadros y con calcetines hasta la rodilla.

8 No encuentras un hueco para ir a la peluquería.

Además, ¡de golpe te ha salido un millar de canas! Tampoco dedicas tiempo a acicalarte. Sales sin maquillaje, con el cabello grasiento y unas ojeras de 10 km... Al fin y al cabo, solo vas a comprar un tarro de pomada...

9 Os pasáis casi todo el día con el bebé encima, ya sea en brazos, en el pecho, agarrado al pelo, en medio de vuestra cama.

Nunca estáis solos.

10 No tenéis tiempo para nada.
— Entre los bibes, los pañales, el baño, las salidas, ni siquiera has tenido tiempo para ir a la peluquería, así que lo de tener un rato de amor con tu pareja lo discutirás cuando hayas tenido tiempo de pasar por el centro de estética a hacerte la cera, o después de la partida al Candy Crush®.

NO MOLESTAR

¡PAPÁ Y MAMÁ ESTÁN DESCANSANDO!

(o se están echando una siesta juguetona...)

— 10 BUENAS RAZONES —
para volver a la carga, ¡y hacerlo al galope!

Aunque no sea fácil, no hay que rendirse.
Pensadlo bien, necesitáis volver a disfrutar, aunque solo
sea por estas buenas razones...

1 — **Tendréis una piel de ensueño** y un brillo renovado en los ojos.

2 — **Dejaréis de pensar en la decoración de cuartos infantiles...** o en el trabajo que se acumula en el despacho.

3 — **Quemaréis calorías.** (Y admitirás que es una opción más divertida que una cinta de correr.)

4 — **Recuperaréis energía.** Por ejemplo, para enfrentaros juntos a la larga noche que os espera.

5 — **Recobraréis vuestro estatus de pareja.** Y no solo el de mamá y papá.

6 — **Compartiréis con vuestra media naranja algo más que...** biberones, llantos, citas con el pediatra, lavados de nariz.

7 — **Redescubriréis que el baño o la ducha sirven para algo más que para lavar al bebé.** Y lo mismo ocurrirá con la silla de la cocina en la que dais de comer a vuestro mini gourmet, o con el sillón en el que dais el biberón al pequeño glotón... En resumen, volveréis a tomar posesión de VUESTRO apartamento.

8 — **Tu ego recibirá un necesitado empujón después de ser zarandeado por los kilos, el cansancio y el parto.** Recuperarás tu cuerpo (que no solo sirve para alimentar al bebé).

9 — **Oler el aroma de velas perfumadas y de tu pareja hará las delicias de tu nariz.** Y aún notaréis más la felicidad después de haber estado rodeados durante todo el día del olor a pañales sucios y leche reseca.

10 — **Probablemente, recuperaréis enseguida las ganas de volver a empezar.** A veces, simplemente se necesita un empujoncito y ponerse manos a la obra.

LOS COMPORTAMIENTOS DETESTABLES

en los que todos (o casi todos) caemos cuando nos convertirmos en padres

El parto ya te ha dado unos cuantos ejemplos de situaciones
no muy agradables. ¡Pero esto todavía no se ha acabado!

1 — **Levantar al monito** para oler el pañal en un lugar público.

2 — **Meter el dedo dentro del pañal** del pequeño koala solo para verificarlo (¡Y, caramba, está sucio!), abrirlo por fin y observar los excrementos.

3 — **Marcharte al trabajo con restos de vómito** del gorrioncito en el pelo y en la ropa.

4 — **Limpiar las babitas** de la ranita con el dedo.

5 — **Quitar las legañas** de los ojos al pollito con el propio dedo y saliva.

6 — **Recoger una tetina** que se ha caído al suelo, metértela en la boca para limpiarla (?) y, una vez limpia, volver a dársela al gatito para que se la meta en la boca.

7 — **Dejar al leoncete** con la misma camiseta todo el día, aunque huela a leche reseca.

8 — **No sacar al pececito** de su baño, aunque se haya hecho pis dentro.

9 — **Utilizar los dedos como pañuelo** para sonar al tigrecito o quitarle los mocos secos de la nariz y limpiarte... donde se pueda.

10 — **Oler el sudor del potrillo** y pegarse a él.

¡Lo confieso todo! Lo último
que he hecho ha sido...

_____

_____

_____

D.E.P.

MI BOLSO

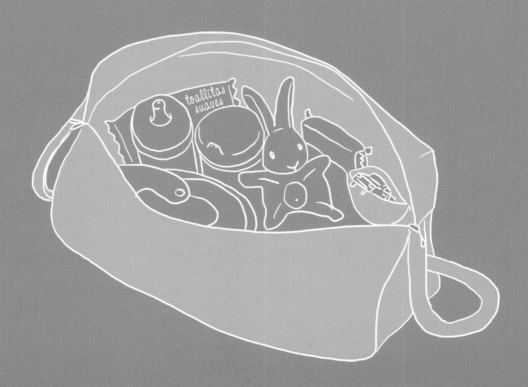

— EN LA CONSULTA DEL PEDIATRA —
¡Camino a la aventura!

*Como una mañana de cada cuatro, el bebé parece un poco pocho.
Lo intuías ya la víspera, tenía síntomas inequívocos: estaba gruñón, no se tomó
el biberón con muchas ganas, y ni siquiera se ha reído cuando te has puesto a cantar.
En cuanto te despiertas, sabes lo que te espera...*

7.26 H ¡Otra noche sin dormir bien! Hay que admitir que, a pesar de tus esfuerzos por intentar despejarle la nariz a tu bebé con la ayuda del aspirador nasal (sin ponerte enferma tú también), tampoco tienes muchos medios para aliviarlo. Aunque le has dado una dosis de paracetamol, la fiebre del pequeño no baja.

8.12 H Bueno, el asunto empieza a ser (casi) grave: el pequeño ya está a 38,6°. Llamas al pediatra para pedir cita.

9.50 H Después del baño, de unas cuantas carantoñas y todo lo demás, POR FIN has conseguido darte una ducha.

10.20 H Abrigas al bebé y te dispones a salir para ir al pediatra. Justo entonces notas que el bebé ha decidido manchar el pañal. Así que tienes que volver a empezar desde el principio. Además, incluso lo ha desbordado.

10.46 H Has conseguido salir de casa. Has cogido la bandolera, que es más práctica que el carrito, pues, el pediatra está solo a dos calles. Además, la consulta está en un cuarto piso sin ascensor.

10.57 H Llegas a la sala de espera. Cuentas discretamente cuántos padres más están esperando: tienes cuatro delante de ti...

11.06 H Tu bebé intenta meterse un juguete, o lo que queda de él, en la boca. Piensas en TODOS los niños que han debido de hacer lo mismo en las últimas cuarenta y ocho horas y te entran náuseas.

11.29 H Se oyen lloros provenientes de la consulta del doctor. Pero no un leve lloriqueo, sino llantos propios de alguien al que estuvieran aplicando un método de tortura. Estrechas a tu bebé entre los brazos, y notas que una lágrima te rueda por la mejilla.

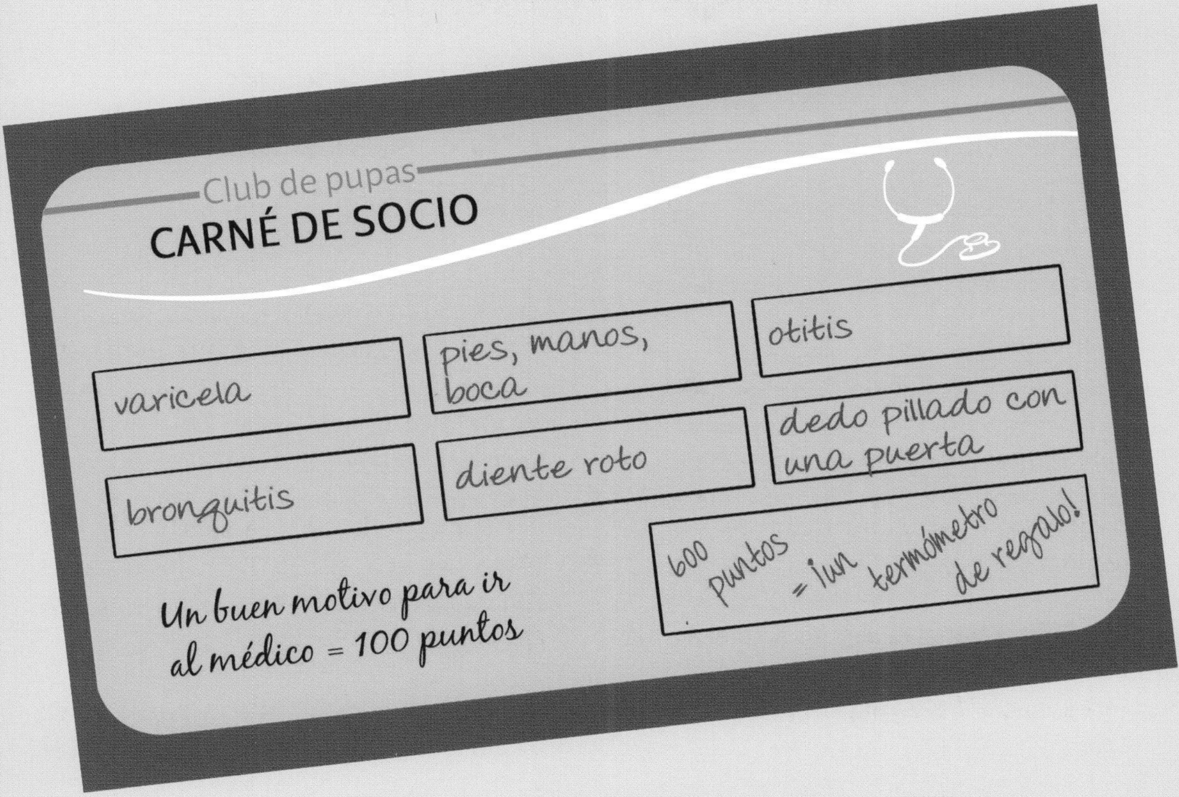

CARNÉ DE SOCIO

varicela

pies, manos, boca

otitis

dedo pillado con una puerta

bronquitis

diente roto

Un buen motivo para ir al médico = 100 puntos

600 puntos = ¡un termómetro de regalo!

11.43 H Te das cuenta de que el vientre de tu bebé hace unos ruidos extraños. Después, de repente, un chorro potente y caliente te cae en el pelo. ¿Es posible que tu bebé acabe de vomitarte encima?

11.46 H Intentas limpiarlo como puedes, y lavarte la cara. Evidentemente, te has acordado de coger un pañal y un pantalón limpios, pero no una camiseta de recambio.

11.58 H ¡Por fin el doctor viene a buscarte! Lanzas una mirada de compasión a quienes se quedan esperando.

12.03 H Para auscultar mejor a tu bebé, el pediatra lo desnuda del todo. Y el pequeño granuja elige ese preciso momento para hacerse pis encima de él (¡Y, sin duda, te alegras de no estar en su lugar!)

12.09 H Después de pasar revista a los diferentes síntomas, el doctor alcanza un diagnóstico: se trata de una contundente gastroenteritis y un principio de resfriado. Tu bebé se echa a llorar. ¡Otra vez!

12.12 H Te prescribe lavados de nariz, paracetamol para la fiebre y soluciones rehidratantes para la gastroenteritis.

12.16 H Salís de la consulta en dirección a la farmacia.

12.19 H Tienes que regresar a la consulta a buscar la cartilla y la receta que has olvidado con las prisas. Para no interrumpir la visita en curso, esperas a que acabe. Tu hijo vuelve a meterse el juguete hecho polvo en la boca.

12.24 H Por fin te marchas de veras. Pasas por la farmacia para comprar los sobres con la fórmula rehidratante. Miras de reojo las cremas adelgazantes que prometen perder tres centímetros en dos semanas... Sí, ya, claro.

12.31 H Por fin llegas a casa, agotada y con un curioso dolor de estómago...

12.37 H ¡Las peores sospechas se confirman y corres al lavabo!

¡EL FATÍDICO MOMENTO
de la separación ha llegado!

Algún día teníais que pasar por este doloroso momento. Aunque, claro, todo es relativo, pues muchos padres se alegran de poder «endosar al bebé» durante unas horas a otra persona y respirar un poco. Es de sobra conocido que, cuando se es padre, volver al trabajo parece una actividad entretenida. Pues, muy a menudo, el lunes por la mañana uno está más cansado que el viernes por la tarde. Se supone que habéis elegido a una persona o una institución de confianza para que se haga cargo de vuestro hijo.

Ya sea a los 3 meses, a los 6, o, incluso a los 2 años, siempre es delicado pasar por esta separación; pero podéis estar tranquilos, hay un periodo de adaptación... ¡para los padres! ¡Ah! ¿Creíais que ese periodo estaba pensado para el bebé? En absoluto. Por lo general, una vez que ha comido, ha recibido sus mimos y lleva un pañal limpio, al pequeño glotón no le importa un comino que lo dejéis unas horas. Siempre que el bebé sepa que sus papás van a volver, la separación no causará problemas. Y lo más normal es que se sienta a gusto con sus compañeros. Además, habéis estado jugando a «¿Dónde está mamá/papá? ¡Aquí está!» durante varios meses, el bebé ha podido tomar conciencia de que, aunque sus padres desaparezcan de su campo de visión, siempre acaban volviendo. ¡Es pura magia!

Son pocos los padres que tienen la opción de quedarse en casa para ocuparse de su hijo. La mayoría deben volver a trabajar. A continuación, os damos algunas ideas para quitaros de encima el sentimiento de culpa por dejar a vuestro hijo al cuidado de otra persona.

♥ Antes de los 3 años, los niños no retienen los recuerdos. No hay riesgo alguno de que a los 18 años vuestro hijo recuerde haber pisoteado babosas en el jardín de la abuela para preparar una sopa de piedras.

♥ El bebé no tiene la misma conciencia del paso del tiempo que nosotros: da igual que lo dejéis ocho horas de entrada que dos, no se enterará. Es el momento de volver a trabajar y retomar los chismes de la máquina de café donde los habíais dejado.

♥ Podréis ver la octava temporada de *Breaking Bad*... ¡tranquilamente! Y no pasa nada, al fin y al cabo toda esa violencia no es apta para un niño.

♥ ¡Podrás ir al lavabo solo(a)! La tranquilidad tiene un precio, puede llegar a costar 800 euros al mes en función de tus ingresos (el precio de la guardería o el de la canguro).

♥ Vuestro hijo adquirirá su primer conocimiento sobre la vida: ¡hay que saber compartir!

♥ Por la noche, podréis hablar de algo más que de pañales.

♥ Vuestro hijo comerá al menos una comida equilibrada al día. De repente, podréis preparar pasta todas las noches, e incluso alternar el tipo: macarrones, pajaritas, espirales...

♥ Ya no tendréis que fingir cada día que os coméis un muslo de pollo falso, mientras jugáis a las cocinitas.

♥ Cuando lo recojáis, tendréis todavía más ganas de verlo que al dejarlo.

No obstante, cuando lo dejéis al cuidado de una canguro o en la guardería, no podréis evitar algunas cosas:

♥ El primer día que lo dejéis, sentiréis un nudo en el estómago y un peso en el corazón. Puede incluso que lloréis como Meg Ryan en *Cuando Harry encontró a Sally* (y acabéis con la nariz mocosa y un montón de pañuelos a vuestro alrededor). Sí, ocurrirá aunque tengáis la fuerza de Bruce Lee.

♥ Os imaginaréis escenarios catastróficos donde solo Bruce Willis y Ben Affleck podrán salvar el mundo... y a vuestro hijo.

♥ Cuando volváis a buscar al pequeño, de un modo u otro os hará pagar que lo hayáis dejado. (¡Cada uno debe librar sus propias batallas!)

♥ No querrá separarse de su niñera/auxiliar de la guardería/canguro... y llorará como si le estuvierais arrancando un brazo (quizá incluso los dos).

♥ Habrá pasado el día «fantásticamente bien» (mientras que en casa el pequeñuelo es un auténtico torbellino). Nota: es bastante raro que ocurra lo contrario.

♥ Os lo encontraréis con arañazos y moratones, porque entre los niños impera la ley de la jungla.

♥ A veces, llegaréis por la mañana con prisas y el pañal lleno de...

♥ Otras veces, por la tarde, os lo encontraréis también con el pañal lleno de...

VALE POR

un día
de levantarse
tarde

* * *

— 10 TIPOS DE PADRES —

con los que inevitablemente os cruzaréis en la guardería

¡Ya está! Formáis parte de ese grupo cuyos miembros se reconocen entre ellos por tener un denominador común: ¡un niño en la guardería! Como en todas las hermandades, hay códigos, usos y costumbres que no tardaréis en descubrir. La guardería suele ser el primer lugar donde se hacen «nuevos amigos», y después llega la escuela. En principio, cuando os den una plaza, pasaréis tres años en el mismo sitio con los mismos padres, así que elegidlos bien, porque también con ellos disfrutaréis de esas maravillosas salidas dominicales al parque con los niños (donde os aburriréis como ostras). Antes de escoger a vuestros «nuevos mejores amigos», observadlos bien.

1 — **Los padres despistados.** En junio todavía no han entregado la foto del niño que les habían pedido en septiembre, ni tampoco han puesto etiquetas en su ropa. No se enteran de cuándo son las reuniones de padres porque no se han fijado en el cartel de 60 por 80 cm colgado a la vista y subrayado con fluorescente en la guardería. Al final de la jornada, llegan tarde... ¡Evidentemente!

El primer día de clase: como todos los demás días, llegan tarde y su hijo lleva un calcetín de la talla 15-18 y otro de la 19-22, pero del mismo color.

2 — **Los padres superimplicados.** Con ellos, cualquier conversación dura 25 minutos. Quieren saberlo TODO: si su hija ha dormido con o sin peluche, si la cocinera ha echado nata líquida al puré de brócoli, si su princesita ha jugado con las muñecas, si ha hecho manualidades...

El primer día de clase: preguntan a la directora si ha recibido la postal que le han enviado durante las vacaciones.

3 — **Los padres estresados.** No confían en nadie. Sueñan con poner cámaras en el aula de su hijo, e incluso han intentado instalar discretamente una en el peluche. Solo han renunciado en el último momento por miedo a que los pillaran. Si su hijo se despierta con 37,2° por la mañana, dudan sobre si llevarlo o no a la guardería.

El primer día de clase: revisan todos los juegos para asegurarse de que no son peligrosos y se quedan 10 minutos en el vestíbulo, sin despegarse del cristal, hablando con otros padres estresados y, por supuesto, espiando a los cuidadores de su pequeño.

4 Los padres demasiado simpáticos.
— Os los encontráis en todas partes: en el parque, en la frutería, en el supermercado... incluso en la puerta de vuestra casa (¿Saben la dirección?). Se han ofrecido varias veces a regalar un carrusel a vuestro hijo, cosa extraña, pues sabéis que cuesta un ojo de la cara. Cada tarde llegan a la misma hora que vosotros y os sueltan un rollo de 10 minutos. Incluso se fijan en que lleváis zapatos nuevos, o en que le habéis cortado el pelo al niño.

El primer día de clase: os enteráis de que han pedido que pongan a tu hijo al lado del suyo para dormir la siesta, pues, según ellos, ¡son inseparables!

5 Los padres perfectos. Son guapos,
— delgados y tienen un trabajo de ensueño, además de unos hijos adorables. Cuando habláis del parto, de cómo duermen los niños, de su alimentación, tenéis la impresión de que han arrasado con todas las medallas de oro, mientras que a vosotros ni siquiera os han invitado a la entrega de premios. Sí, tenéis derecho a estar celosos. Porque ellos no tienen que gritar delante de todo el mundo porque su hija se revuelque por el suelo; además, a su niña nunca le cuelgan mocos de la nariz, ni tiene restos de com-

pota en la camiseta... Y por la tarde, sigue con las horquillas en su sitio, mientras que la vuestra las ha perdido vete tú a saber dónde.

El primer día de clase: parecen sacados de una revista de padres ideales. Y por supuesto, su hija no llora.

6 Los padres que se enteran de todo.
— Se saben el nombre de todos los niños y tutean a todos los padres de la guardería. Discuten con todas las auxiliares de la guardería, incluso con las de otras secciones. Os cuentan muchas anécdotas sobre lo que otros padres han dicho o hecho el fin de semana. Siempre tienen una opinión que compartir: «Ese niño lleva las uñas demasiado largas, y araña a todos los demás», «esta niña reutiliza la ropa de sus hermanos mayores, qué triste».

El primer día de clase: os explican que la directora de la guardería ha pasado las vacaciones en la costa y que su hija va a la misma clase que Chloé, la hermana de María, la niña que tiene dos papás.

7 Los padres tímidos. El primer año de
— guardería pensaréis que son antipáticos porque no os dirigirán la palabra... El segundo año responderán con un sí o con un no a las preguntas, y hasta el tercero no os darán discretamente los buenos días cuando os crucéis con ellos por la calle... Habréis progresado, en cualquier caso.

El primer día de clase: ¡Ni os fijaréis en que están allí!

8 Los padres invisibles. Os cruzáis por la mañana con la yaya, y por la tarde, con la niñera. El día de la fiesta de la guardería descubrís, por fin, que están vivos. Ella trabaja sin parar, y tiene que viajar a Londres todas las semanas, mientras que él es médico de urgencia y tiene unos horarios para volverse loco. Con toda seguridad no volverás a verlos muy pronto... ¡Qué lástima!

El primer día de clase: ella está en Singapur, mientras él se ocupa de dar seis puntos de sutura a un adolescente que se ha partido la crisma yendo en monopatín.

9 Los padres que se exceden. A los 2 meses su hija ya estaba inscrita en un curso de iniciación musical. A los 6 meses empezó un curso de arte abstracto, y sí, pintó la mesa con ceras (y sí, es arte contemporáneo). Tienen toda la vida planificada: a los 12 meses empezará el gimnasio para bebés, a los 2 años irá a natación, a los 3 seguirá con el trampolín, y a los 4, con la danza. «Hay que iniciar a los niños en todo.»

El primer día de clase: sus padres le hablan en inglés con acento español, y no podéis evitar reíros a su costa.

10 Los padres que dan mal rollo. Con muy mala suerte, cogéis el abrigo de su hijo pensando que es el del vuestro, y a partir de ese momento os tienen entre ceja y ceja. No sabéis por qué, pero nunca han llegado a perdornaros ese despiste. Nunca os sujetan la puerta cuando vais con el carrito, y ponen cara de no conoceros cuando os cruzáis con ellos en el parque.

El primer día de clase: vuestros hijos van vestidos exactamente igual, y tienen el mismo nombre, van a la misma clase y tienen a la misma profesora... ¡Tendréis que lidiar con ellos!

— CONSEJOS PARA TODOS LOS PADRES —
que empiezan con
la diversificación alimentaria

*Desde luego, encontraréis por todas partes «auténticos» consejos indispensables
para superar correctamente las grandes etapas de la diversificación alimentaria
de vuestro hijo. El paso de los líquidos a los sólidos, las recetas para que vuestro bebé
coma puré de tupinambos... Ahora bien, lo más importante, y esto es algo que no oiréis
muy a menudo, es que los primeros meses pueden ser un auténtico infierno.
A continuación encontraréis algunos sabios consejos para saber cómo afrontar
el momento más difícil del día: la hora de la comida. Armaos de toda la paciencia
posible (y, si fuera necesario, tomaos un mojito después de haber acostado al bebé
para recuperar energías) porque durante los próximos meses sufriréis crisis nerviosas
y tendréis que esquivar cuencos que vuelan por los aires y limpiar suelos pegajosos.*

Invertid en una reserva de baberos de papel, que se pueden tirar después de la batalla. ¡Nada de lavadora! ¡Un sueño hecho realidad!

Poneos vuestra ropa de combate: un pijama viejo, un chandal hecho polvo, un delantal sucio, porque la ropa comerá tanto como el bebé.

Utilizad una cucharita larga, adaptada a la boca del bebé, con la que podáis llegar hasta el fondo de los tarritos. No hay que hacer el tonto, no se compran potitos ya preparados para pasarlos a un bol y tener que lavarlo después. Es mejor guardar fuerzas para cosas mucho más importantes, como hacer la limpieza.

Aprended a hacer diferentes ruidos de animales: esta habilidad puede resultar muy útil cuando tengáis que utilizar el famoso «y esta cucharadita por...». Aunque tampoco hace falta que os obsesionéis intentando imitar a animales imposibles, como un piojo.

Reutilizad las cubiteras, pues son muy prácticas para congelar los purés del bebé. Solo tenéis que desmoldar un par de cubitos de diferentes verduras y recalentarlos.

¡Aprended a camuflar! Poned el puré de zanahorias encima del pescado; ya se sabe que a esa edad podéis conseguir que un bebé engulla cualquier cosa.

Dejad que haga dibujos con el puré de zanahorias encima de la mesa; al fin y al cabo, es arte. Y el pequeñín tiene que poder expresar toda su creatividad.

Colorea las manchas de comida del bebé

Puré de verduras
(1)

Compota de melocotón
(2)

¡Haced fotos! Dentro de unos años, podréis usarlas como moneda de cambio. El chantaje no tiene edad, pero sí un olor: ¡brócoli con zanahoria!

Reservad un pequeño espacio para esta actividad de decoración de interiores. Un metro cuadrado de estropicio (al precio actual del metro cuadrado) es más que suficiente, ¿no os parece?

No dudéis en atribuiros todo el mérito, incluso cuando abráis un potito. Al fin y al cabo, vosotros lo habéis comprado, recalentado y se lo habéis dado de comer al bebé durante 15 minutos, ¿no?

La evolución del bebé al estilo Darwin

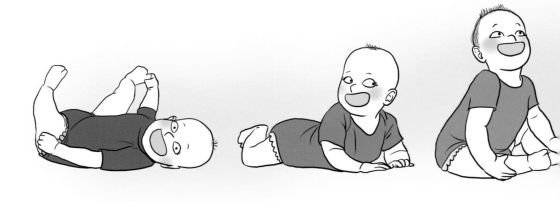

Homo pinzus   Homo reptentis   Cro-monín

Homo
cuatropatus

Manoderthal

Homo
terriblus

— LAS INSÓLITAS POSTURAS —
del bebé dormido

*A lo largo de los años, la opinión sobre en qué postura hay que acostar a un bebé
ha evolucionado mucho: de espaldas, sobre el vientre, de lado, y de nuevo de espaldas.
Los especialistas han defendido todos estos cambios y los padres han seguido sus directrices.
Desde 1994, la consigna es acostar a todos los bebés boca arriba hasta que
sean capaces de volverse solos. A partir de ese momento, los niños pueden «elegir»
la postura en la que duermen. Sin embargo, a veces se duermen de cualquier manera.
Aquí dejamos una retahíla de los lugares más insólitos en los que los padres
de la comunidad Family-Deal han encontrado dormido a su bebé.*

- De pie contra el sofá
- En su trona, mientras comía un trozo de pan
- En el andador, caminando, o en el suelo, después de una rabieta
- Con la nariz en su plato de pasta
- Debajo de la cama

- Sobre el perro
- En su sillita para el coche
- En el triciclo
- En la cama de su muñeca
- Encima del orinal
- En el felpudo de la entrada
- En un peldaño de la escalera

- En el suelo del restaurante mientras sus padres hacen cola
- En su armario
- En la esquina, donde lo habías castigado
- Sentado sobre un saco de cemento
- Con la cabeza en un libro
- Con la cabeza sobre el ordenador

- En su parque de juegos
- Con la cabeza en su plato de puré
- En el cesto de la ropa de casa

La postura más divertida
en la que te has encontrado
a tu bebé dormido es:

_____

_____

_____

#El Bebé Duerme En Todas Partes, No Importa Cómo

CAPÍTULO 2

ENTRE 1 Y 2 AÑOS

El bebé camina, y ahora…
¡¿Dónde está el botón de apagado?!

El bebé se ha hecho mayor. Su autonomía se va asentando
poco a poco. Con la adquisición del lenguaje y de la capacidad
de caminar, por fin puede expresarse e ir adonde quiera.
Por esa misma razón, os habéis puesto en guardia.
A esta edad, descubres una de las mayores paradojas
de ser padre: cuanta más autonomía gana el niño,
más complicaciones ganan los padres.

— CELEBRAR —

el primer cumpleaños del bebé:
ni a favor, ni en contra, ni todo lo contrario

Empezáis a plantearos la cuestión de cómo celebrar el cumpleaños del bebé, y si vais a invitar solo a unos amigos o a toda la familia. No importa que seáis diez o cien, tendréis que tomar una decisión. Aunque pensarais, ingenuamente, que ese acontecimiento podría pasar desapercibido, teniendo en cuenta que el bebé todavía no sabe ni siquiera juntar dos sílabas, ahora os encontráis metidos de lleno en los preparativos, y estáis más liados incluso que con vuestra propia boda: invitaciones, bufet, atuendos, decoración... Ahora bien, ¿de verdad es indispensable celebrar el primer cumpleaños del bebé?

Argumentos a favor

♥ Podréis comer dos trozos de pastel de chocolate (y un tercero en la cocina, a escondidas).

♥ Tendréis ropa para el bebé para todo un año, más o menos.

♥ Oiréis continuamente: «¡Oh, qué mono!», y «¡Ah, pero qué listo es!».

♥ Ya hicisteis la fiesta para su hermana o hermano mayor, así que no habrá celos.

♥ Cuando sea adolescente, le podréis demostrar que no sois tan malos.

♥ Es la perfecta ocasión para invitar a parientes pesados sin estar solos con ellos.

♥ Querías que tu hermano pequeño conociera a la canguro.

♥ Por fin podréis ponerle al bebé la camisa de Jacadi de 79 euros que reserváis «para las grandes ocasiones».

♥ Con un poco de suerte, tendréis tiempo para beber una copa de champán, o incluso dos.

♥ Ha llegado el momento de demostrar al mundo entero que vuestro hijo es realmente el más guapo del mundo.

Argumentos en contra

♥ No sabe soplar las velas, así que tendréis que hacerlo en su lugar.

♥ Tendréis que celebrarlo a la hora de la siesta.

♥ El bebé ni siquiera reconocerá a los invitados.

♥ Acabaréis con una tonelada de pastelitos en casa = +3 kg.

♥ El bebé no sabe abrir los regalos.

♥ Inevitablemente, tendréis que cambiar buena parte de los regalos: por la talla, porque lo tiene repetido, porque no os gusta... (+2 h).

♥ Tendréis que limpiar hasta las once de la noche.

♥ Tendréis que preparar bolsitas de regalo para todos los niños invitados (no es una obligación, pero suele hacerse).

♥ Una tarta de fresas para 20 personas de la pastelería cuesta 75 euros (y no habéis contado a los niños, que comerán magdalenas).

♥ Os pasaréis toda la tarde escuchando en bucle los grandes éxitos infantiles.

El SMS de cumpleaños

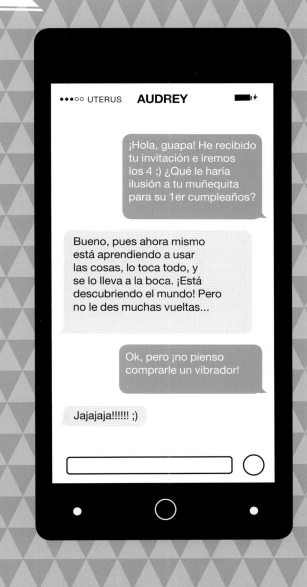

●●●○○ UTERUS **AUDREY**

¡Hola, guapa! He recibido tu invitación e iremos los 4 ;) ¿Qué le haría ilusión a tu muñequita para su 1er cumpleaños?

Bueno, pues ahora mismo está aprendiendo a usar las cosas, lo toca todo, y se lo lleva a la boca. ¡Está descubriendo el mundo! Pero no le des muchas vueltas...

Ok, pero ¡no pienso comprarle un vibrador!

Jajajaja!!!!!! ;)

— EL BEBÉ CAMINA —
¡Adiós a la tranquilidad!

*Cuando el bebé empieza a caminar, se acaba el tiempo de ocio en el sofá
y llegan las primeras caídas y carreras. La mayoría de los padres tienen prisa
porque su hijo empiece a caminar como un «niño mayor». Son muchos los que
–por una idea errónea– intentan ponerlo de pie antes de que llegue el momento.
El día D, muestran con orgullo a todo el mundo que el fruto de sus entrañas
tiene dos piernas que sabe utilizar perfectamente. Mediante fotos y vídeos,
inmortalizan ese momento que demuestra que el bebé ya no es tan bebé.
¿Se han vuelto locos? ¡No! ¿Son unos inconscientes? ¡Desde luego!
¿Les falta experiencia? ¡Evidentemente! Porque si todavía no sabéis
lo que os espera, aquí os damos algunos apuntes de lo que ocurrirá en
cuanto el bebé eche a andar. A continuación, el top 10 de los líos...*

1 **El bebé os seguirá a todas partes.**
Baño y ducha incluidos.

2 **Tendréis que seguir al bebé a todas partes,** mientras cruzáis los dedos para que no se dé en la cabeza contra la puerta de cristal.

3 **Disfrutaréis** de trayectos a pie de dos horas en lugar de siete minutos.

4 **El bebé se divertirá tirando de todos los cables de la casa.**
No os vendría mal tener lámparas que pesen más de 30 kg.

5 **El bebé se caerá continuamente.**
Entre los cálculos erróneos, los aterrizajes de culo y las veces que se hace un lío con los pies, tendréis que estar muy atentos.

6 **Ya no podréis encerrarlo en una jaula (también llamada parque).**
No aceptará quedarse allí.

7 **Os convertiréis en profesionales de curar pupas.**
Y los besos mágicos que curan heridas no tendrán ningún misterio para vosotros.

8 **Descubriréis con alegría que sufrís crisis de taquicardia.**
Que sustituirán a las subidas de adrenalina...

9 **En el parque, vuestro hijo robará el triciclo a algún niño.**
Y tendréis que correr tras él.

10 **A los 2 minutos de caminar por la calle, tendréis que cogerlo.**
Y llevarlo a hombros o en brazos.

D. E. P.

MI DESCANSO EN EL SOFÁ

— ¿CÓMO —
engañar a vuestro hijo?

Desde hace un tiempo, el pequeño tiene una manía: se niega a comer a menos que lo haga «solito». O peor todavía, solo come lo que quiere... y las verduras rara vez forman parte de su lista de deseos. Como padres astutos que sois, procuráis darle trocitos que sean fáciles de comer para que sea autónomo con su plato y se acostumbre a usar la cuchara y el tenedor. Pero para conseguir que se coma las verduras, tenéis que redoblar vuestro ingenio. Por supuesto, su trona se ha convertido en un campo de batalla, y su babero está hecho un asco. Y lo que le preparáis suele acabar más en el suelo que en su boca...

Ya habéis intentado unas cuantas cosas para conseguir que se coma su puré de judías verdes o brócoli. Habéis aprendido a hacer el avioncito (brrruuumm), la vaca (muuuu), el cerdito (oinc oinc), pero ha cogido la costumbre de cogeros la mano y tiraros a la camisa el contenido de la cuchara. Así que vuestra única salida es engañar al niño (por su bien, claro). A continuación planteamos algunas opciones que podéis seguir y, en otros casos, debéis evitar...

♥ **Atarle las manos** y cebarlo como a una oca → NO

♥ **Prepararle pastelitos con calabacines** y queso → SÍ.

♥ **Castigarlo sin postre** → NO (sobre todo si lo haces para comerte su compota de frutas).

♥ **Afirmar que su prima Nina adora las judías verdes,** y que precisamente por eso es tan alta → SÍ.

♥ **Sacarle de nuevo el plato de verduras** para merendar → NO.

♥ **Cambiar de plato** para colarle las verduras en la cena → SÍ.

♥ **Decorar su plato:** las judías verdes imitan el fantástico pelo de mamá y los tomates se parecen a sus ojos, que se ponen rojos cuando se enfada → SÍ.

♥ **Enseñarle otros niños que se mueren de hambre** en el mundo → NO.

• **Ponerle sopa en el biberón** →SÍ (pero cuidado con abusar, pues corréis el riesgo de que no quiera hacer el esfuerzo de comer solo).

• **Hacerle chantaje:** «Si no te comes las verduras, no tendrás fuerza suficiente para jugar en los columpios del parque» →SÍ.

• **Cocinar con vuestro hijo,** y dejar que eche nata a los champiñones (siempre bajo vuestra supervisión) →SÍ.

• **Mentirle:** «Si comes judías verdes tendrás un pelo muy bonito» →SÍ.

• **Prohibirle que se levante de la mesa antes de que acabe** →NO (os pasaríais horas sin moveros).

• **Crearle un mundo entero en su plato:** «No, esto no es brócoli, cariño, ¡es un árbol!» →SÍ.

— 10 COSAS RIDÍCULAS —
que se hacen cuando llevas al bebé al tiovivo del parque

Empieza a anochecer, son las 17.42 h de un sábado, en pleno mes de noviembre. El café del parque recoge sus sillas, hace frío (sí, frío de verdad), tienes las manos metidas en los bolsillos, estás solo/a con tu hijo (sí, no tenéis por qué sufrir los dos), y, sin embargo, debes admitir que aprecias ese breve momento en el que, estupefacto/a ante el tiovivo mágico, observas a tu retoño que, por una vez, no está corriendo de un lado a otro. Miras a tu alrededor y, de golpe, todo cobra sentido. Tienes una pinta absolutamente ridícula, pero no eres ni la primera ni la última persona que vive esa situación...

1 — **¡Haces una foto a tu hijo mientras el tiovivo gira!** Es un poco tonto, pues si ya tienes solo una oportunidad entre ocho de conseguir una foto pasable mientras la atracción está parada, tus posibilidades se reducen drásticamente cuando el tiovivo se mueve. En el mejor de los casos, tus fotos quedarán borrosas, y en el peor, pillarás al crío que va sentado en la jirafa, justo detrás del tuyo.

2 — **Te subes con tu hijo** y empiezas a marearte y a sentir náuseas. En el peor de los casos vomitarás, pero con suerte podrás ver a los otros padres que no han subido y que tienen la misma sonrisa que tú hace cinco minutos, y eso tiene su gracia.

3 — **Te peleas para que tu hijo pueda subir a su atracción preferida.** En cuanto el tiovivo se detiene, te parece estar en la puerta de embarque de un vuelo de EasyJet o en una película de acción con Bruce Willis gritando: «¡Atención todos! ¡Poneos a cubierto, esto va a explotar!»... Todos los padres corren junto a su pequeño para subirlo a la atracción en la que quiere montar durante la siguiente vuelta. Si tienes la mala pata de que tu hijo haya echado el ojo al avión, tendrás que usar los codos, y no poco... Entre los niños que se bajan del avión, los que se quedan una vuelta más en la cabina pulsando los botones y dándole al volante, y los que lleguen antes que tú, corres el riesgo de sufrir una crisis.

4 — **Aunque te has gastado 65 euros en tiques,** no consigues encontrarlos. Has hecho tus cálculos... y gastas más en viajes en el tiovivo que en zapatos en las rebajas. El problema es que cada vez pierdes la mitad de los tiques entre las bolsas, el cochecito y los abrigos.

5 — **Mueves la cabeza** al ritmo de la sintonía de sus dibujos preferidos, mientras tarareas las letras. Casi te alegraría que sonaran las canciones de Disney, porque eres un experto. Si no fueras tan tímido/a, casi podrías proponer a los demás padres cantar a coro, mientras vuestros hijos dan la tercera vuelta consecutiva.

6 — **Te dejas convencer para subir a la peonza.** Es LA tontería que no debes cometer... En una atracción normal ya estás a punto de vomitar, así que dar 50 vueltas sobre ti mismo/a, mientras el tiovivo da 15 vueltas es una auténtica locura...

7 — **Tu hijo quiere montarse en la única atracción que no tiene ningún interés.** Se trata del cochecito que no tiene ni volante. Solo puede hacer una cosa: ¡mirar el suelo!

8 — **Intentas subir o bajar** con el tiovivo en marcha. Te pegas una torta delante de todo el mundo o lo evitas por los pelos y pones cara de que no ha pasado nada. Excepto por la vergüenza y la raspadura en la rodilla, nadie ha visto nada. ¡Prometido!

9 — **Cambias a tu hijo de atracción** mientras el tiovivo está en marcha. Es de esperar que un niño cambie de opinión. Aunque se empeñara en subirse al caballito antes de que el tiovivo arrancara, a la mitad, levantará un dedito y gritará «Jiraaaaafa, Jiraaaaaafa», y es posible que intente incluso ir solo. Como eso es demasiado peligroso, acudes a ayudarlo.

10 — **Gritas el nombre de tu hijo** y lo saludas con la mano cada vez que pasa por delante de ti.

200 €
UN AÑO
DE TIOVIVO
= una cena gourmet
romántica

— LO QUE HABRÍAIS PODIDO HACER —
este fin de semana
si no tuvierais hijos

Todavía os acordáis de los desayunos en la cama, de los mimos en cualquier momento, de los viajes de última hora... Sí, hubo un tiempo en el que vuestros deseos regían vuestra vida. Ahora, un niño que no levanta dos palmos del suelo controla todo lo que hacéis y decís. ¡Incluso vuestros momentos de intimidad en el lavabo!

♥ **Habríais podido dormir hasta mediodía...** Sí, pero a las 6.30 h vuestro hijo se ha subido a la cama y se ha puesto a saltar y, pese a todo, no os quejáis demasiado, pues la noche anterior invadió vuestra cama durante la noche.

♥ **Podríais haber disfrutado de un sueño reparador después de una semana agobiante en el trabajo...** Sí, pero os habéis tenido que levantar una vez por un accidente cuando el pipí se ha salido del pañal, y otra para comprobar si la fiebre le había bajado.

♥ **Habríais podido salir con vuestros amigos hasta las dos de la madrugada...** Sí, pero a ocho euros la hora de la canguro, habéis preferido ver *Aquí no hay quien viva*, y además, ¡al pequeño le encanta!

♥ **Habríais podido daros una ducha romántica...** Sí, pero ahora vuestra bañera está llena de barcos, patitos y un caracol de juguete. Y eso os quita las ganas de sexo.

♥ **Habríais podido remolonear en la cama hasta mediodía y daros un achuchón...** Sí, pero ya es la hora de preparar el desayuno del pequeño, que espera (casi) tranquilamente su bollito con mantequilla y su loncha de pavo. A él, a las 11.30 h le rugen las tripas.

♥ **Habríais podido iros a la una de la tarde a pasar el fin de semana al campo, así, sin más, por un capricho...** Sí, pero es la hora de la siesta, y no hay que despertar a un niño que está dormido, sería un suicidio.

VALE PARA

una noche de canguro para el bebé*

★ ★ ★

O incluso un fin de semana. ¡Volvámonos locos! ¡Yuhu!

♥ A las cuatro de la tarde, mamá podría haberse ido de rebajas a sus tiendas preferidas (un 40 % de descuento en los abrigos es una ganga, y además, has perdido una talla desde el parto)... Sí, pero tu hijo necesita ir a jugar al parque, y también le has prometido dos vueltas en el tiovivo. Además, si tuvieras media hora libre, la aprovecharías para comprarle un par de zapatos, porque no paran de crecerle los pies.

♥ Habríais podido preparar un aperitivo a eso de la seis de la tarde... Sí, pero habéis tenido que preparar el potito. ¡El mojito tendrá que esperar!

♥ Habríais podido ver una buena película... Sí, pero acabáis viendo los dibujos preferidos de vuestro hijo.

♥ Habríais podido replantearos la disposición del salón... ¡Pero para eso necesitaríais recuperar vuestro salón!

Sí, podríais haber hecho todas esas cosas... Pero, francamente, habría sido mucho menos divertido, ¿no?

— CÓMO MANTENER OCUPADO —
al niño durante el fin de semana

Cada fin de semana es un poco como cuando abres la puerta del frigorífico mientras te preguntas: «¿Qué puedo cenar hoy?». Con un niño pequeño las actividades que podéis hacer son limitadas. Lo usual es que también durante el fin de semana duerma la siesta por la tarde, pero ¿qué hacen los padres para mantener ocupados a sus hijos el resto del día?

♥ **Le enseñáis la actividad** más pedagógica posible para estimular la creatividad de los niños: ¡el aburrimiento!

♥ **Hacéis juntos la limpieza:** vuestro hijo lo deja todo patas arriba, y vosotros lo ordenáis.

♥ **Aprovecháis para hacer sesiones de mimos,** cosquillas, y comeros a besos las piernecitas regordetas, regordetas, de vuestro bebé...

♥ **Os aprendéis coreografías** hipersincronizadas de sus programas infantiles preferidos, mientras cantáis las letras de las canciones. Es posible que se produzca una revelación: ¡al parecer tenéis tanta gracia para imitar los movimientos infantiles como para bailar salsa!

♥ **Os atrevéis con un taller de cocina** que acaba inevitablemente mal. Tardáis dos minutos en mezclar la masa para crepes, y media hora en limpiar después toda la cocina... Y la harina acaba esparcida por todas partes.

♥ **Jugáis al escondite** con la esperanza de que no os encuentre: ponéis un reloj de arena delante del niño y le prohibís formalmente que empiece a buscaros antes de que esta se agote. Aprovecháis para encerraros en el baño y poder tener, por fin, tres minutos de tranquilidad. Porque desde las diez de la mañana no habéis podido hacer pis. ¡Y ya han pasado tres horas!

♥ **Vais al parque a** aplaudir a vuestro hijo cada vez que se tira por el tobogán.

VALE POR

una siesta juguetona

★ ★ ★

Le ayudáis 50 veces a subir para que no se dé un batacazo (y le impedís otras 50 que suba en sentido inverso para lanzarse una vez más sin hacer cola) y después le quitáis las hojas secas de la boca y ordenáis la colección de 77 ramitas y piedrecitas que os ha regalado amablemente y que tendréis que llevaros a casa.

♥ **Os dedicáis a pintar**/modelar arcilla/ hacer collares o cualquier otra actividad manual como decorar la televisión con pegatinas de todos los colores. Por 30 se-

gundos de actividad, tocan 10 minutos de preparación y 45 de limpieza, ducha incluida.

♥ **Veis dibujos animados,** la única actividad tranquila durante la cual podéis tumbaros en el sofá y hacer mimos al pequeño sin que se queje.

♥ **Vais a ver a la familia** o a los amigos con niños de la misma edad, con la esperanza de poder tener al menos cinco minutos de conversación adulta (e incluso tal vez tomar un mojito).

— LISTA DE JUEGOS TONTOS —
que inevitablemente practicamos con nuestros hijos

Desde que sois padres, habéis descubierto talentos increíbles. Sois más fuertes que Hulk, más hábiles que David Copperfield, más inteligentes que Einstein. Al menos eso es lo que vuestro hijo quiere que penséis... ¿Y si fuera él quien jugara con vosotros y no al revés?

Papá: «¿Dónde está papá? ¡Aquí! ¡Aquí está papá!». (Papá se tapa la cara con las manos y luego las aparta.)

Bebé: «No puede ser. ¿Me toma por tonto o qué? Papá, te he visto detrás de las manos. Además, separas los dedos para ver cómo reacciono. Espera, que me río: ¡Jaajajajajaja!».

Mamá: «Y la vaquita sube, sube, sube...».

Bebé: «¡No, son tus dedos! La última vez saltaste por una abeja, así que te aconsejo que no te hagas la listilla».

Papá: «Fíjate en esta moneda. Voy a hacerla desaparecer. ¡Fiuuuu! Veamos ¿no la tendrás detrás de la oreja por casualidad? ¡Pues sí, la hemos encontrado!».

Bebé: «¿Así se ganan la vida los mayores? Porque entonces tu trabajo no tiene nada de estable!».

Mamá: «¿Jugamos al escondite? Vamos, ve a esconderte, mientras yo cuento hasta 20... ¡19 y 20! ¿Dónde estás?».

Bebé: «Siempre dejo a la vista la cabeza, los pies o las manos porque sé que ella tiene tendencia a entrar en pánico rápidamente. También por eso, suelo esconderme en el mismo sitio, detrás de las cortinas. Así mamá puede divertirse un poco más fingiendo buscarme detrás de la puerta».

Papá: «Mira... ¡Vuelas por el cielo como un avión!».

Bebé: «¡Papá, cuidado con la lámpara, por favor!».

Mamá: «Venga, ¡agárrame la mano! ¡Bravo! Otra vez...».

Bebé: «Si quieres motivarme de verdad, coge una magdalena, y así me esforzaré».

Papá: «Cuidado que te voy a robar la nariz... ¡Anda mira (papá pone el pulgar entre el dedo índice y el corazón), ¡si la tengo aquí!».

Bebé: «Te veo la uña, ¿me has tomado por un crío de 4 meses o qué? Llevas un año enseñándome las manos cuando me cantas «Cinco lobitos» así que sé reconocer un dedo cuando lo veo».

CONDICIONES PARA LLAMAR A UNOS PADRES

Pueden encontrarnos fuera de estos horarios:

Nunca antes de las 9 h: preparación para la guardería/escuela.
9-17 h: con el cachorro a buen recaudo, toca trabajar.
17-20.30 h: rabieta, compras, baño, cena, juegos, mimos, crisis de la noche, cuento, peluche.
Después de las 20.30 h: fuera de servicio.

Mejor: ¡llame dentro de 18 años!

PERO

¿dónde está
su peluche preferido?

— EN BUSCA —
del peluche perdido

*No hay nada más importante en la vida de vuestro bebé que su
peluche favorito. Puede que huela mal, o que tenga una oreja medio rota,
que esté desteñido o, peor aún, que haya cambiado de color.
Nada de eso importa. Al bebé le gusta, lo adora,
y no hay modo de quitárselo. Pero a veces su peluche
favorito puede perderse... ¡Y ahí empieza el drama!*

18.22 H El bebé busca su peluche preferido. Agita los brazos, con el chupete en la boca. Empiezas a ponerte nervioso e intentas ganar tiempo encendiendo la tele, y te das cuenta de que el canal de dibujos es el equivalente paterno de llamar a emergencias. Y no lo dudes, ¡es una urgencia!

18.41 H Tu hijo empieza a gimotear. Has buscado por todo el apartamento: has mirado debajo del sofá, en su cuna, en su cesta de juguetes, en su baúl, en vuestra cama, en todos los armarios de la cocina, bajo la cómoda, en el cajón de las marionetas... ¡Y nada! Llamas a tu mujer, seguro que a ella se le ocurre algo.

18.52 H Esperas a que llegue tu pareja y bajas en tromba al coche, con los ojos llenos de esperanza. Con un poco de suerte encontrarás al inefable peluche allí, porque cogiste el coche con el pequeño a la vuelta de la guardería. Buscas por todas partes... ¡Y nada!

18.58 H Mientras uno de los dos intenta tranquilizar al bebé, el otro llama a la guardería, que cierra dentro de dos minutos. Por desgracia, la directora os confirma vuestros peores temores: no han encontrado el peluche en la guardería. Tu pareja y tú cruzáis vuestras miradas, angustiados, porque sabéis que os espera una noche horrible.

19.23 H Intentáis, sin suerte, que vuestro pequeño polluelo cambie de opinión. Mientras tanto, mamá actualiza su estatus de Facebook: «Mi hijo ha perdido su peluche "Borriquito". Huele mal, le falta una oreja y es más o menos así (foto), ¿lo habéis visto?».

19.28 H Al poco rato, una amiga os llama por teléfono. Tiene el mismo muñeco en casa, y su hijo no lo utiliza, porque duerme con Winnie the Pooh. Si queréis, podéis pasar a recogerlo... Empezáis a recuperar el ánimo, porque vuestra amiga vive a dos calles. ¡No todo está perdido!

19.47 H Mamá regresa triunfal con un peluche de Borriquito, casi como si le hubiera tocado la lotería. El niño lo olisquea, lo mira y se lo tira a la cara. ¡No es el muñeco que quiere!

19.57 H Pides un peluche igual que el desaparecido por Internet. Durante ese tiempo, tu pareja sigue buscando en los lugares más improbables: el horno, el frigorífico, la cesta de la ropa sucia, pero ni rastro del peluche. Empiezas a desesperarte.

19.59 H Vuestro hijo llora. Es oficial, sois unos padres horribles. En todo caso, es lo que la mirada del pequeño parece decir...

20.12 H Bajas a pegar un cartel con la foto del peluche, debajo de las palabras «PELUCHE PERDIDO» escritas con rotulador, encima del interfono de la entrada del edificio. Nunca se sabe...

20.46 H Llaman a la puerta. Es la vecina del segundo, que huele a sopa y a perfume. Te cuenta que ha encontrado un burrito perdido a la vuelta del mercado. No sabía a quién devolvérselo, y pensaba dárselo a la portera a la mañana siguiente, pero ha visto tu cartel. Menuda suerte que haya visto tu nota, ¿verdad? La abrazas y la besas (aunque se quedara con el muñeco) porque sabes que le debes la vida. Por fin tus músculos se relajan. Vas a ver a tu angelito (que, como por arte de magia, se ha dormido) y le dejas el peluche al lado. Estáis salvados... ¡Al menos por esta vez!

— COMUNICACIÓN —
en la guardería y con la canguro: herramientas de traducción

*Cada mañana se repite el mismo ritual: dejas a tu monstruito
mientras das algunas informaciones a la auxiliar de la guardería.
Informaciones muy precisas sobre la noche que ha pasado, la hora a la que
ha desayunado, si ha manchado el pañal, si hoy se encuentra bien...
Por la tarde, cuando vas a recoger a tu angelito, te toca a ti escuchar cómo
ha ido el día. Te enteras de detalles que no son siempre agradables,
como que ha tirado trozos de pan a la mesa del compañero, o el contenido
del pañal que le han cambiado (¡Sí! ¡Te has librado!). Pero una cosa es lo que se dice,
otra lo que se piensa y otra lo que se sugiere. No siempre es fácil comunicarse.
Aquí van algunos ejemplos de traducciones que «maquillan» la realidad.*

La auxiliar de guardería no dirá: «Ha tirado el arroz al suelo y pedido a gritos un trozo de pan. ¡Es un auténtico tirano!».

Sino: «Ha comido bien, pero me temo que no le ha gustado demasiado el arroz...».

Mamá no dirá: «Esta mañana íbamos con prisas, así que o le cambiaba el pañal o me maquillaba. Y cuando he visto mi cara ante el espejo, comprenderá que no tenía otra opción que dejar el pañal sucio y maquillarme».

Sino: «Lo siento muchísimo, pero ha hecho caca de camino, acabo de darme cuenta al sacarlo del carrito».

La auxiliar de guardería no dirá: «Menudo día nos ha dado. No ha parado de hacer tonterías. Hemos tenido que apartarlo de los demás porque nos ha sacado de quicio».

Sino: «Hoy estaba bastante movido, así que no nos ha quedado más remedio que castigarlo».

Papá no dirá: «¡Él no sé cómo estará, pero nosotros estamos agotados! Nos ha despertado a las dos, a las tres y a las cuatro. A las cinco, nos hemos rendido y ha acabado durmiendo en nuestra cama. Mi mujer estaba dispuesta incluso a darle un biberón con tal de que se callara».

Sino: «No ha dormido muy bien esta noche».

La auxiliar de guardería no dirá: «Su hijo ha estado a punto de enviar a Matías al hospital. Después de arañarle y morderle, se ha sentado encima de él y le ha impedido levantarse».

Sino: «Hoy su hijo parecía muy enfadado. Nos ha costado manejarlo».

Mamá no dirá: «¡¿Otra reunión?! Es una pesadez que tengáis que hacer reuniones pedagógicas cada tres meses. ¿Y a quién le toca pedirse un día libre? ¡A esta pringada!».

Sino: «Ya he visto que la guardería cierra el jueves 29 de noviembre para una reunión de profesores y todavía no sé cómo podré organizarme».

La auxiliar de guardería no dirá: «Si algún niño quería jugar en la granja, su hijo cogía una rabieta y le pegaba con el corderito. Al final, hemos tenido que dejarle jugar con todos los animales para que no le sacara un ojo a Lucía con el caballo».

Sino: «Hoy se ha pasado todo el día jugando con los animales de la granja. ¡Le encantan!».

Mamá no dirá: «Hemos dejado al niño en casa de los abuelos este fin de semana y así hemos podido tener un respiro. Han recogido cuatro toneladas de castañas y no sé a quién endosárselas. ¿No necesitará hojas y castañas para la próxima fiesta de la escuela, verdad? Sí, ya sé que es dentro de seis meses, pero bueno, nunca es demasiado pronto para empezar a planificarla, ¿no?».

Sino: «Ha pasado un buen fin de semana en casa de sus abuelos y han recogido muchas castañas en el bosque. Por cierto, si las necesita, ¡no dude en pedírmelas!».

Papá no dirá: «Mi hijo estaba a 38,1° esta mañana. Pero tengo una reunión muy importante con mi jefe, y mi mujer también está trabajando. Se lo dejamos con la esperanza de que le baje. En el peor de los casos, llame a su madre, y ella se las apañará para venir a buscarlo, como de costumbre».

Sino: «Cuando se ha despertado esta mañana estaba a 38,1°, pero le ha bajado, así que supongo que estará bien. Pero si hay algún problema, no dude en llamarnos y vendremos a buscarlo».

La auxiliar de guardería no dirá: «Su hijo ha vuelto a pintar la pared. ¿Recuerda ese mural de animales del zoo que hicimos el mes pasado? ¡Pues está destrozado! Cuando esté enfermo, sobre todo si es una gastroenteritis, apáñeselas para tenerlo en casa».

Sino: «Como le hemos dicho por teléfono, hoy ha vomitado; o ha tenido un problema con la digestión o está incubando algo».

— ¿POR QUÉ —

se compran al bebé juguetes que no le sirven para nada?

Este año habéis organizado el primer cumpleaños de vuestro hijo; es genial, todos los amigos y la familia han venido a demostrarle su amor. Y eso no es todo, han llegado cargados de regalos. ¡Fantástico! Plastilina, juegos de construcción, cochecitos, un muñeco, animales de plástico, verduras para jugar a las cocinitas... Muchas cosas para llenar los cajones, que, por supuesto, estaban vacíos hasta ese día. Aparte del hecho de que la gente olvide que vuestro salón no es el de un palacio, vuestro hijo jugará la mayor parte del tiempo con uno o dos juguetes, y probablemente con los más insospechados. Aunque no se haga porque está mal visto, lo cierto es que para la próxima vez te apetecería proponer a tu familia y amigos que se pusieran de acuerdo para pagaros a vosotros, los padres de la criatura, una escapada de fin de semana. ¡Al menos así no tirarían el dinero!

Si prestamos atención veremos que un niño se divierte con casi cualquier cosa, y sobre todo con aquello que no le han regalado. Yo misma he puesto a prueba esta teoría. Dejé durante dos semanas en la mesa del salón cuatro juguetes que mi hijo había recibido el día de su tercer cumpleaños. No se interesó por ellos ni una sola vez aun teniéndolos delante de sus narices. Por el contrario, se deleitó jugando con la caja de cartón en la que habían traído la compra, probándose el abrigo de mamá o rebuscando en los armarios de la cocina. La moraleja que podemos extraer de todo esto es que es mejor gastar el presupuesto de juguetes en otra cosa y, sobre todo, en algo para vosotros. A continuación, os damos una lista de los juguetes que no suelen aparecer en la lista de regalos de cumpleaños, que no cuestan una barbaridad y con los que vuestro hijo se divertirá mucho.

- El maquillaje de mamá para disfrazarse
- Los zapatos de papá para ser mayor
- Plástico de burbujas para explotarlas
- Papel higiénico para convertirse en momia
- Cartones para esconderse
- Agua para salpicar (y tirarse por encima)
- Azúcar para extender y hacer formas con él
- Yogur para dibujar (utilizando los dedos a modo de pincel)
- Papel de regalo para destrozar
- Caracoles que observar

⁓ INTERMEDIO MUSICAL ⁓

Las canciones absurdas

Si uno lo piensa detenidamente, les cantamos a nuestros hijos perfectas estupideces desde su más tierna infancia. Tomemos por ejemplo la canción «Un elefante»:

Un elefante se balanceaba
sobre la tela de una araña,
como veía que no se caía,
fue a llamar a otro elefante.

Dos elefantes se balanceaban
sobre la tela de una araña…

Y así sucesivamente, estrofa tras estrofa…

Hay que reconocer que nuestros hijos deberían preocuparse al escucharnos cantar canciones como esta. ¡Y con razón! En primer lugar, ¿habéis visto alguna vez a un elefante balanceándose? ¿Y además sobre la tela de una araña? ¿O volar como Dumbo? ¡No, evidentemente! Volvámonos locos y admitamos que a menudo se nos va el santo al cielo con la imaginación. Y que a menudo, también, cantamos sin detenernos a pensar.

Pongamos otro caso, ¿qué pinta el demonio en «El patio de mi casa»?

[…]
chocolate, molinillo
corre, corre, que te pillo.
A estirar, a estirar,
que el demonio va a pasar.

Una situación de lo más normal, la verdad. Aparte, claro está, de que se moje el patio cuando llueve…

Las canciones picaronas

¿Y estas canciones más modernas y tan marchosas que tanto les gustan? Es más, también nos gustan a nosotros, las tatareamos, y nos reímos con ganas cuando nuestros peques las cantan imitando las coreografías…

Ahí está, por ejemplo, el ciclón Shin Chan abriendo a diario su serie de dibujos:

One, Two, Three, Ah!
Un niño divertido,
graciosín y extrovertido
y a todos suelo enfadar,
Shinnosuke nunca para
y no te dejará en paz.

Bueno, pedagógico, pedagógico… ¡como que no! No les demos ideas…

Y sigue, evidentemente, con el mismo ímpetu:

Cuando hay que conquistar,
soy todo un profesional,
Soy un niño muy ligón,
con la fuerza de un ciclón.

Come on, baby. Come on, baby.
El pimiento sabe muy mal,
mira que trompa,
qué pedazo de trompa,
¡trompa!, ¡trompa!
Y todos saben que soy Shin Chan.

Incluso sin ser malpensado, todo parece sospechoso. Basta con descodificar las metáforas y se adivina fácilmente a qué hacen referencia...

Pero no acaba ahí la cosa, porque la estrofa final no se queda corta:

Sienten mucho miedo,
todos sienten mucho miedo
si me ven aparecer.
Si vienes conmigo
lo vas a pasar muy bien,
Y verás que yo soy especial.

Él es especial y vuestro hijo... también. Hay que decir que si se pide la opinión de un especialista no hay duda de que nos confirmará que hay mejores formas de aprender.

CAPÍTULO 3

ENTRE LOS 2 Y LOS 3 AÑOS

¡Los años más temidos!

No, no estáis soñando. Vuestro hijo está de mal humor cuando se despierta, empieza a responder, a tener rabietas por cualquier tontería, a poner mala cara, a burlarse de vosotros, e incluso... ¡Os pega! Y os preguntáis qué ha sido del angelito que antes venía a acurrucarse a vuestro lado para que le hicierais mimos (y de paso le dierais un bombón).

— 10 SEÑALES —
que demuestran que vuestro hijo ha entrado en la fase de los temibles dos años

Antes de entrar de pleno en el asunto, hay que hacer una pequeña aclaración. Con la expresión de los «temibles dos años» nos referimos al momento en que vuestro hijo cumple dos años y su carácter se vuelve más difícil, seguro que reconoceréis esto último. No por casualidad los psicólogos califican este periodo como «la primera crisis de la adolescencia». Y si teméis no daros cuenta de los síntomas, podéis estar tranquilos, igual que no hubo duda con las contracciones el día del parto, ¡tampoco la habrá ahora!. A continuación, enumeramos algunos indicios que demuestran que a vuestro querubín le están creciendo unos cuernos de diablillo en la cabeza.

1 **Quiere hacerlo todo solo.** Lo que — implica que, cuando por fin haya acabado de ponerse los zapatos él solito, ya será hora de volver a bañarse. En resumen, calculad que necesitaréis dos horas cada mañana para que se vista.

2 **Os mira desafiante y se ríe cuando — os enfrentáis a él.** Tenéis la impresión de no tener ningún control sobre él. Y lo peor es que resulta incluso gracioso ver a un enano de 90 cm de altura desafiaros como si fuera Tyson en un ring de boxeo.

3 **Vuestro retoño tiene manos y pies, — y demuestra que sabe utilizarlos.** Tendréis que aprender a esquivar los golpes, porque parece haber heredado los genes de Popeye. Era inevitable después de repetirle tantas veces que tenía que comer espinacas para ser fuerte...

4 **Dice que no a todo.** Da igual lo que le — pidáis o propongáis. No tiene paciencia alguna.

5 **Llora cuando intentáis sentarlo en — el carrito.** Es imposible colocarlo bien sin utilizar una camisa de fuerza, y os da la impresión de no poder controlarlo. Y es exactamente así. ¡Huye de vosotros!

6 **Se pone tenso cuando intentáis — sentarlo en la trona.** Estira los pies y, por mucho que intentéis que doble las piernas, se niega.

7 Tira el plato de verduras al suelo, o
— bien os lo tira directamente por
encima. Normalmente, ese es el momento en que todos los padres se resignan a
utilizar el arma fatal para conseguir la
paz: ¡el pan y la pasta!

8 Le dan rabietas sin motivo. Bueno,
— el niño sí creerá que hay un motivo,
como que le hayáis dado una pajita ama-
rilla en lugar de una verde. Desde luego,
¡menudo abuso!

9 ¡No habla, grita! Es peor que oír un
— concierto de rock duro al lado de los
altavoces: 110 decibelios, que casi igua-
lan el ruido de los truenos. Evidentemente, es motivo suficiente para que los vecinos suban para pedirte que bajes el tono.

10 Cuando le prohibís que haga
— algo, lo hace inevitablemente.
Y así ocurre cuando le decís «no se salta
en la cama», «no se dibuja en la alfom-
bra», «no se le pone plastilina al perro
para ver si se le pega al pelo»... La lista es
tan interminable como su capacidad para
inventar nuevas tonterías cada minuto.

*La buena noticia es que este periodo, que sue-
le empezar en torno a los 18 meses, se acaba
cerca de los tres años. A menudo, los padres
creen que su hijo se opone a ellos, y que tiene
el propósito de volverlos locos a toda costa.
Sin embargo, en realidad, vuestro hijo no se
limita a negarse a todo solo para contradeci-
ros, sino que es su manera de afirmar su personalidad. Empieza a pensar de forma autó-
noma, y este periodo, por difícil que sea, es
síntoma de que vuestro hijo está creciendo.*

5 CONSEJOS PARA SOBREVIVIR

1 Cuando sea posible, dejad que el
— niño decida, haciéndole una pregunta
que no se responda con un sí o un no:
«¿Prefieres ponerte la camiseta verde o
la azul?», «¿Te apetece más una compota
de manzana y fresa o una de manzana y
plátano», «¿Prefieres caminar o ir en el
carrito?».

2 Respirad hondo, y aceptad que no
— podréis tener siempre la última palabra en todo. Cuando veáis que ya no
podéis más, decid: «Te has pasado de la
raya, y me he cansado. Volveré a hablar
contigo cuando te tranquilices».

3 Permitiros un poco de manga
— ancha, sin caer en la laxitud. Vuestro
hijo necesita firmeza, pero también notar
que sois capaces de escuchar...

4 Elegid con sensatez vuestros com-
— bates. ¿De verdad es tan grave que el
niño prefiera unos zapatos u otros?

5 No dejéis que una pelea dure
— demasiado. Sin duda, vuestro hijo
está en un periodo conflictivo, pero sigue
necesitando vuestro amor incondicional.

¿POR QUÉ

los niños son seres un poco extraños?

A veces vuestro hijo hace cosas raras. Al menos, son raras desde vuestro punto de vista como padres. Aunque no sepáis descifrar las razones que llevan a vuestro hijo a actuar de forma extraña, debéis saber que, la mayoría de las veces, todo tiene que ver con el aprendizaje. A continuación, os explicamos cómo se relacionan ambas cosas.

¿Por qué lo tira todo al suelo?

¡Bum! Por décima vez consecutiva, vuestro hijo acaba de tirar su peluche desde lo alto de la trona, mientras le preparáis la comida, y se queda esperando a que se lo recojáis. Podríais caer en la tentación de pensar que intenta poner a prueba vuestra paciencia. Y no os equivocaríais. Ahora bien, al lanzar un objeto lejos de él también aprende el concepto de ausencia. Juega a asustarse y espera a que vosotros lo tranquilicéis al devolverle su peluche, su cuchara, su juguete... En cualquier caso, cuando lo repita cincuenta veces, estaréis en todo vuestro derecho de hartaros.

¿Por qué se come el pienso del perro mientras se niega a probar la comida casera que le habéis preparado?

El niño desea transgredir las prohibiciones. Es una manera de poner a prueba los límites que vosotros le imponéis. Si le autorizarais a comerse la comida del perro, ¿creéis que la probaría? Desde luego que no.

¿Por qué se dedica a ver siempre los mismos dibujos animados en bucle o quiere leer siempre el mismo libro?

Los niños no tienen la misma noción del tiempo que nosotros. No se cansan por leer el mismo libro cien veces. Al contrario, les encanta poder anticipar la historia que se saben de memoria. Ver una y otra vez el mismo dibujo les permitirá gestionar mejor sus emociones, ya sea el miedo, la sorpresa, la alegría. A menudo, se ríen incluso antes de las bromas para disfrutar más del momento. También es un medio de apropiarse de los personajes, desmenuzar la historia para interiorizar mejor el lenguaje.

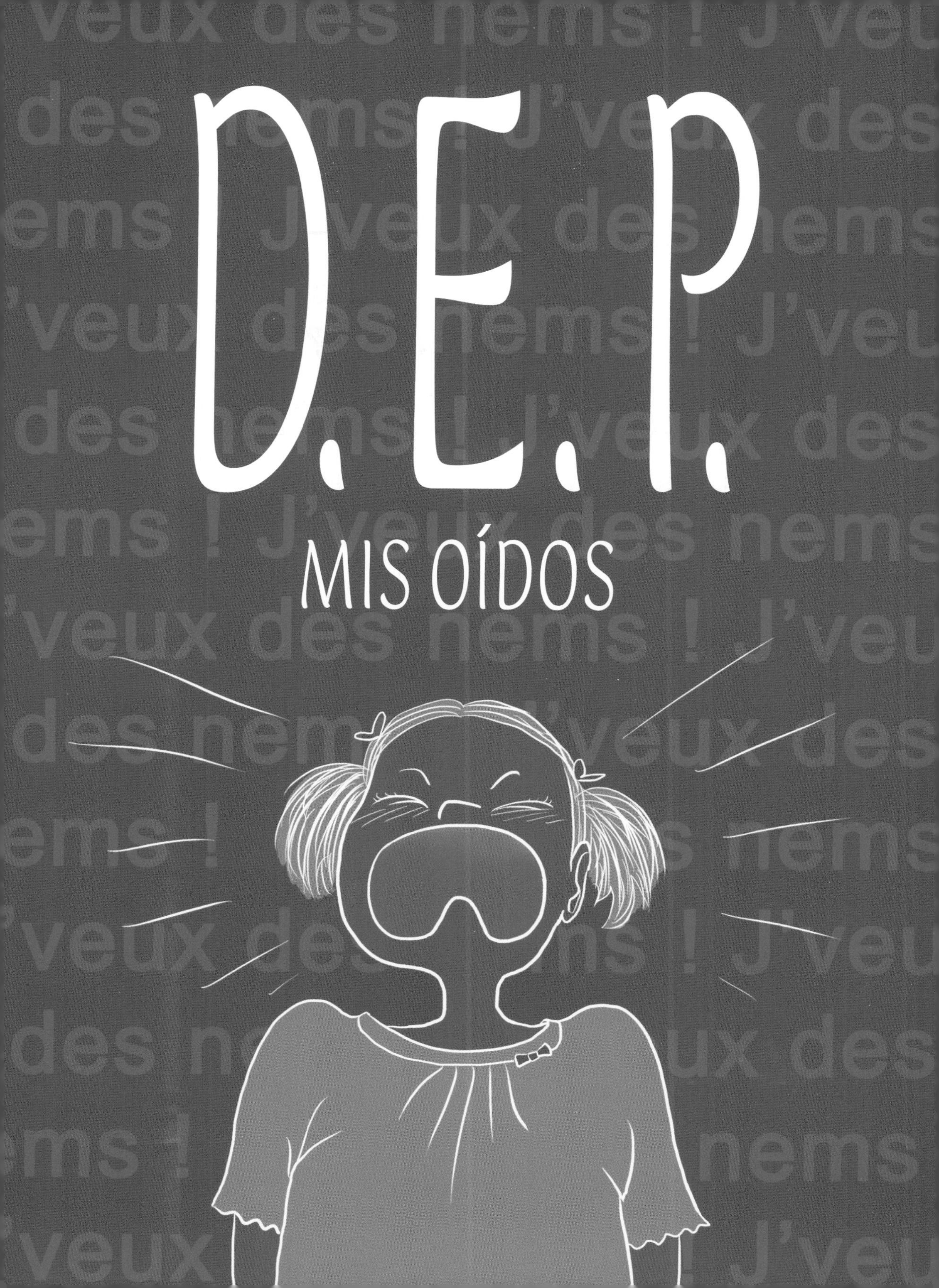
D.E.P.
MIS OÍDOS
J'veux des nems !

¿Por qué hace mezclas de alimentos surrealistas?

Yogur de fresa con crema de verduras, galleta gratinada con coliflor, pescado rebozado con plátano. Vuestro hijo parece decidido a reinventar las bases de la cocina molecular. Prueba sabores y experimenta con las texturas. Tampoco tiene las mismas referencias gustativas que los adultos. Necesita descubrirlas por sí mismo. Forma parte de la fase del «quiero hacerlo solo».

¿Por qué pilla una rabieta porque su galleta se rompa?

A esa edad, empieza a integrar en su cuerpo el concepto de propiedad. El agujero de un queso gruyer, la galleta rota, la mitad de un brioche... Todas esas cosas pueden alterarlo mucho. No puede soportar que algo no esté entero. Igual que algunos niños tienen problemas para aceptar que «una parte de ellos» está en el orinal.

¿Por qué se ríe cuando se le lleva la contraria?

A veces, reír sirve para rebajar la tensión. En ocasiones, su risa puede ser nerviosa. O quizá sea una demostración de que no os mostráis lo bastante serios o firmes. Es una manera del niño para comprobar si puede conseguir que bajéis la guardia.

¿Por qué intenta hacer cosas que pueden hacerle daño?

Juega con el interruptor, una, dos y tres veces..., veinte veces hasta que la bombilla acaba fundiéndose. Salta del sofá, una vez, dos, tres y... ¡Bum! No os faltan oportunidades para entonar la ya célebre frase: «¡Mira, que te lo había dicho!». Vuestro hijo busca simplemente experimentar y descubrir el mundo y, al mismo tiempo, observa vuestras reacciones para poner a prueba vuestros límites. ¡Sí! ¡Otra vez!

— MI HIJO —
un ser biónico 2.0

Como 8 hogares de cada 10, tenéis un ordenador en casa; como 38 millones de españoles, un smartphone; y como cerca del 30 % de los hogares, una tablet táctil. ¿Y aún os sorprende tener a un minigeek en casa? Bienvenidos a la vida de los padres 2.0, donde reina la ley de los «nativos digitales»... Aunque resulta evidente que vuestro hijo no puede pasarse todo el día pegado a una pantalla, aquí os damos algunas buenas razones para no sentiros culpables por dejarle la tablet (que cogerá sin autorización, de todos modos).

Regalaos unos minutos de canguro

¿Se está poniendo muy pesado y no os da un respiro? Echad mano al smartphone, y así tendréis un poco de paz (¡cinco minutos, al menos!). Una vez entre sus manos, podréis prepararos con calma, ir (solo/a) al lavabo, daros una ducha, hacer una llamada... Las autoras han probado la opción de «achuchón rápido en el baño», pero parece que los pequeños tengan un sexto sentido.

Aprovechad un momento de calma

Aunque se diga que el «silencio es un lujo», cuando se tiene un hijo el silencio es sospechoso. Si vuestro hijo no hace ningún ruido, no cabe ninguna duda de que estará tramando alguna travesura. ¡A menos que tenga una tablet o un smartphone entre las manos! En general, entonces, su silencio significa que está concentrado. En todo caso, no os fiéis nunca.

Ordenad fácilmente «sus juegos»

¿Estáis hartos de ir recogiendo las piezas de puzle detrás de él, de lavarle las manos manchadas de rotulador, de despegarle la plastilina del pelo o de encontrar piezas de Lego® debajo del sofá? ¡Dadle vuestra tablet! Tiene muchos juegos: puzles, juegos de memoria, aplicaciones para colorear, libros de cuentos... Cuando acabe, no necesitaréis ir recogiendo lo que haya dejado a su paso. Además, las aplicaciones ocupan mucho menos sitio que la tienda de Spiderman o de Hello Kitty, que es de 2 x 2 m y os obliga a contorsionaros para entrar.

¡Iniciadlo en el aprendizaje de lenguas extranjeras sin que se dé cuenta!

Desde que utiliza la aplicación de YouTube, vuestro hijo puede ver *Frozen* en alemán y *Babar* en francés. Sin contar las aventu-

ras de *Dora*, que empieza a poder ver y que le enseñan a contar, a hablar inglés, e, incluso, a responder... ¡en la televisión!

Desarrollad su memoria en dos clics

¡Una vez ha sido suficiente! Habéis desbloqueado el smartphone o la tablet delante de él y, en menos de dos segundos, ha memorizado la contraseña (o eso, o se sabe de memoria vuestra fecha de nacimiento). Desde ese momento, ya no os pide permiso para jugar. Por otro lado, para qué iba a hacerlo. ¿Es su dispositivo, no?

Compartid y revivid sus momentos preferidos

Desde su nacimiento, habéis inmortalizado cada momento importante de su vida: los miembros de su familia, sus caritas más guapas, sus carcajadas alocadas, sus primeros pasos, sus vacaciones... Ahora podéis aprovechar para enseñárselos y reíros de los vídeos de cuando era un bebé. Teniendo en cuenta las 5.736 fotos y los 472 vídeos que tenéis almacenados, esta actividad puede tenerlo distraído durante horas.

El estado
de ánimo
con el que
empezamos
el día...

¡El estado
de ánimo
con el que
acabamos
el día!

#¡Esto Es Mío!

— 8 SEÑALES —
que demuestran que el señor Edipo está llamando a vuestra puerta

El complejo de Edipo se manifiesta más o menos hacia los tres años, cuando el niño empieza a demostrar un apego hacia el progenitor del sexo opuesto, al tiempo que considera al otro un modelo y un rival a la vez. Es una etapa importante en la construcción de la personalidad del niño y en su desarrollo afectivo, que tendrá repercusiones en su futura sexualidad. Con la ayuda de sus padres, comprenderá poco a poco que no puede expresar ni realizar sus deseos libremente. Esta frustración es necesaria para que pueda inhibir sus deseos en su inconsciente. A continuación, encontraréis algunas señales que demuestran que entráis en este periodo delicado.

1 **— Tu hijo intenta darte besos en la boca** y separarte de tu pareja cuando compartes un momento de intimidad con él.
♥ **Idea:** deja que te huela el aliento de recién levantada, sin duda, eso le quitará las ganas.

2 **— Tu hijo echa** de la cama a tu pareja y ocupa su lugar.
♥ **Idea:** métete en su cama y despiértalo en plena noche, así comprobará que no tiene nada de divertido.

3 **— Tu hijo/a quiere casarse contigo cuando sea mayor.**
♥ **Idea:** infórmale de todos los deberes del matrimonio, a ver si se le pasan las ganas.

4 **— Tu hijo/a acepta quedarse en tus brazos** y te pide que le des besos sin parar. Por el contrario, tu pareja ya puede espabilarse, porque no recibirá ningún mimo.
♥ **Idea:** regala una caja de bombones a tu pareja para atraer al pequeño goloso.

5 **— Tu hijo/a te mira con arrobo y te llama** «mi princesa» o «mi príncipe».
♥ **Idea:** deja que te lo diga… No le va a hacer ningún daño a tu ego.

6 **— Tu hijo/a se vuelve muy posesivo/a** contigo y manifiesta una hostilidad más o menos pronunciada hacia tu pareja.
♥ **Idea:** ¡apúntate a judo!

Mi hija de dos años acaba de decirme que tiene novio en la guardería.
No me repondré jamás.

7 **Tu hijo/a utiliza cualquier medio a su alcance** para atraer tu atención.
♥ **Idea:** haz lo mismo que él y ponte delante del televisor mientras esté viendo sus dibujos preferidos.

8 **Tu hijo/a quiere hacerte regalos.**
♥ **Idea:** pídele algo muy caro, al menos acabará en su cuenta de ahorro.

De acuerdo, le envío el informe enseguida...

¡Papá! ¡¡¡Ya he acabado de hacer caca!!! ¿Puedes limpiarme?

Y es muy grande...

— ¡A VECES —
no pasa nada por llevar pañales!

*La carrera para que vuestro hijo deje de llevar pañal ha empezado.
Todo el mundo os calienta continuamente la cabeza preguntándoos si vuestro
retoño sabe usar ya el orinal, aun cuando no venga a cuento, «porque el preescolar
empieza dentro de unos pocos meses, así que habrá que ponerse las pilas,
¿no?», o «¡porque a los tres años ya está listo, claro!», o «porque lo mimáis demasiado»,
o «porque debe de tener un problema si no quiere usar el orinal, tenéis que
consultar urgentemente a un especialista...». Si antes no estabais preocupados,
ahora seguro que sí. Por supuesto, lo mejor para responder a los entrometidos
es utilizar el humor, y decirles algo como: «Bueno, el niño no tiene cabeza
para nada más, con eso de estar aprendiendo ya chino, ruso, inglés y francés».
No obstante, es posible que estéis retrasando el momento de enseñar a vuestro hijo
a dejar de usar pañales por una cuestión de comodidad, ya que al principio
puede ser una época complicada... A continuación, presentamos
cinco situaciones a las que no tendréis que enfrentaros
mientras vuestro hijo lleve pañales:*

1 — **En el último minuto,** justo antes de marcharos a la guardería/a almorzar a casa de la suegra/o de paseo al parque, (con el abrigo, los guantes y el gorro puestos), no gritará: «¡Mamá, papá, tengo pipí!».

2 — **En el supermercado** no os tirará del abrigo para deciros que tiene ganas de hacer caca ÍNMEDÍATAMENTE, y os evitaréis un ataque de pánico absoluto al pensar en que os deje un regalito «recién hecho» en el pantalón en la sección de «productos frescos».

3 — **Barcelona-Zaragoza,** tres horas seguidas de coche... ¿Pensabais que por salir a la hora de la siesta ibais a estar tranquilos? Evidentemente, no contabais con las necesidades apremiantes que os obligarían a parar en una estación de servicio o en mitad del campo (con el problema añadido de que no os quedan pañuelos limpios).

4 — **No tendréis que lavar el orinal** diez veces al día (¡esperemos que, en un futuro próximo, algún genio invente un orinal con autolimpieza!).

5 — **No tendréis que poner lavadoras** de ropa interior cada noche, porque vuestro hijo haya querido limpiarse solito.

#Llora Porque No Encuentra Su Muñeco

Relaciona las palabras

pronunciadas por los niños con su traducción

Tasa ♥	♥ Lagartija
Pacama ♥	♥ Calcetín
Cocreta ♥	♥ Pantalón
Palato ♥	♥ Lápiz
Pasguetis ♥	♥ Chocolate
Galartija ♥	♥ Pijama
Saquetín ♥	♥ Perro
Patalón ♥	♥ Plato
Acho ♥	♥ Croqueta
Tocolate ♥	♥ Cuchara
Lapi ♥	♥ Casa
Pelo ♥	♥ Abrazo
Tutala ♥	♥ Espaguetis

— LA RECETA MILAGROSA —
para que vuestro hijo deje de usar pañales

Tiempo de preparación:
De 1 semana a 1 mes

Tiempo de cocción:
2 semanas

Ingredientes:

- 1 puñado de tiempo

- 1 pizca de paciencia

- 3 porciones de valor

- ralladura de confianza

- 1 bolsa de felicitaciones

- 1 calentador que funcione bien
si preparáis la receta en invierno

- 1 lavadora que funcione

- 1 o 2 fregonas
(tienen que estar a mano)

- sábanas de recambio o impermeables

- 1 orinal o 1 adaptador para el asiento del inodoro

- sus libros preferidos
(que traten el tema de dejar de usar pañales)

- ropa interior de recambio
(siempre que sea posible, elegida por el niño)

El día que el niño decida usar el orinal, no le pongáis pañales, excepto durante la siesta y por la noche.

Durante el día, dejad que el niño vaya en ropa interior (si es posible con una que le guste mucho) y ponedlo en el orinal o en el inodoro tan pronto lo levantéis de la cama, y, después, cada hora hasta la noche. Los momentos de las comidas, de la siesta y de irse a la cama deben convertirse poco a poco en referencias. Este ritmo puede parece algo restrictivo, pero al cabo de unos días vuestro hijo se acostumbrará.

Cuando el niño esté en el orinal o en el inodoro, quedaos a su lado (a menos que él mismo pida que lo dejéis a solas) y aprovechad para leerle una historia o jugar con él mientras hace sus necesidades.

Incorporad la ralladura de paciencia y una porción de valor.

Con cada logro de vuestro hijo, abrid la bolsa de felicitaciones y vertedlas generosamente. Podéis acompañarlas de unos cuantos besos y mimos.

Repetid esta operación tan a menudo como sea necesario hasta que vuestro hijo pida por sí mismo ir al orinal o al inodoro, de modo que solo os llame cuando tengáis que limpiarle el culete.

Cuando ocurra algún pequeño «accidente», no le hagáis sentir culpable, limpiad lo que se haya ensuciado delante de él y proponedle que os ayude, yendo, por ejemplo, a buscar una bayeta o papel para secar el suelo.

Utilizad la fregona y la lavadora sin moderación y a vuestro gusto.

En cuanto vuestro hijo haya adoptado la costumbre de ir al orinal o al lavabo, quitadle el pañal durante la siesta, pero no os olvidéis de poner una sábana impermeable sobre el colchón. Es muy probable que se produzcan pérdidas.

Mezcladlo todo con generosas porciones de esperanza, paciencia y dulzura. ¡Y ya está listo!

─ 10 SÍNTOMAS ─
de síndrome traumático posvacacional con un niño (o varios)

Las vacaciones con niños dejan huella. Tan indelebles como las que decoran el vientre de la mujer embarazada que los ha acogido durante nueve meses. Hasta ahora, no hay ningún padre que haya salido indemne de esta aventura considerada más peligrosa que Pekín Express. A continuación, recordamos algunos efectos indeseables que pueden darse durante los días siguientes al regreso de las vacaciones.

1 — **Corréis el riesgo de volver más cansados** que cuando os fuisteis. También es posible que sufráis ataques de somnolencia aguda en cualquier momento del día, y sobre todo a partir de las nueve de la noche.

2 — **Tal vez oigáis voces.** Las alucinaciones auditivas son frecuentes y pueden durar varios días. Es bastante probable que oigáis la canción de «Érase una vez un barquito chiquitito» en bucle en vuestra cabeza. Asimismo, también es posible que las canciones de *Frozen* os acosen por la noche. En ocasiones, incluso creeréis oír a vuestro hijo llamaros, para luego comprobar que duerme tranquilamente.

3 — **Se os escapará una risa floja** cada vez que veáis fotos del niño comiendo arena.

4 — **Tal vez paséis por momentos de depresión** que os llevarán a mirar durante horas fotos de playas desiertas en la otra punta del mundo. No sería de extrañar que este comportamiento fuera un poco más lejos y llegarais a informaros sobre los próximos vuelos a Puerto Vallarta, México.

5 — **Corréis el riesgo de ser víctimas de pérdidas de memoria importantes.** Tal vez os resulte imposible recordar dónde visteis por última vez el DVD de *Pocoyo.* ¡Qué extraño!

6 **Habréis cogido peso.** La culpa la tendrán los paquetes de galletas, chocolatinas, crepes y otras golosinas que habréis «compartido» con el niño.

7 **Os dolerán la espalda** y los brazos de tanto cargar a cuestas con el niño (o con su patinete, su bici, sus juguetes para la playa, o su trineo, o su bolsa con 642 castañas o con 534 conchas...).

8 **Tendréis ataques de ansiedad** en vuestros momentos a solas, porque creeréis que hay algo que se os ha olvidado: preparar la mochila para el día siguiente, poner una lavadora, hacer la comida...

9 **Os dolerá la garganta** de tanto gritar durante varios días consecutivos «ya voy», «no tardo nada», «ahora no», «para, es peligroso», «a la mesa», «a la cama».

10 **A pesar de todos estos efectos indeseables,** el más grave será que insistiréis en preparar lo antes posible las próximas vacaciones en familia.

Si alguno de estos síntomas persiste más de cinco días después de regresar de vacaciones, os aconsejamos que llaméis a vuestro médico habitual.

A continuación encontraréis una lista de medicamentos que tenéis que meter imperativamente en la maleta y que limitarán los efectos indeseables de las vacaciones.

Para los niños
- Mocosona: para la nariz
- Cubremucho: crema contra los golpes de sol
- Maxirrasca: contra las picaduras de mosquito
- Vomitstop: contra el mareo
- Arreglatripas: contra la diarrea
- Culitosec: para los eritemas de las nalgas
- Dañoaquí: contra la otitis o las anginas
- Solutotal: antibióticos
- Noteveo: colirio antiséptico

Para los padres
- Tranquidona: tomar dos comprimidos cada mañana para protegerse de las crisis de ansiedad
- Pacientil: alternar con la Tranquidona
- Subenil: medicamento homeopático contra el bajón del regreso
- Fortidín: vitaminas para estar en forma, a tomar dos veces por semana por la mañana
- Bichostop: brazalete repelente que no te puedes quitar en todas las vacaciones
- Sofacín: contra los dolores articulares
- Holgazanina: contra los dolores lumbares

—10 SALIDAS EN FAMILIA—
que habrían podido ser una buena idea

Evidentemente, por la tarde hay que sacar a pasear a la fiera. Entre los dos y tres años, rebosa energía, no aguanta en casa (y no deja de planear su próxima travesura). No hay más solución; habéis agotado el recurso de los dibujos animados del día y necesitáis encontrar una actividad con la que mantener al pequeño ocupado. A continuación, algunas ideas que tal vez os seduzcan...

1 — Nada más emocionante que una visita al zoo.

Siempre y cuando tengáis en cuenta que el único animal que fascinará a vuestro retoño será el cocodrilo. Así que tendréis que pasaros 17 minutos mirándolo, mientras el animal está inmóvil como un tronco con las fauces abiertas. Probablemente, no habíais previsto tener que cargar 15 kg de niño a hombros durante hora y media para que pueda ver todos los animales con sus 91 cm de estatura.

2 — Nada más entretenido que ir al circo.

Siempre y cuando tengáis en cuenta que vuestro superhéroe en ciernes se echará a llorar cuando vea al payaso Bozo maquillado como el monstruo de *It* de Stephen King, o que alucinará cuando el malabarista empiece a lanzar llamas por la boca o se trague una espada.

3 — Nada más fantástico que un espectáculo de teatro o de magia.

Siempre y cuando tengáis en cuenta que es posible que llamen a vuestro hijo a escena y que, cuando el mago le ponga una paloma en el hombro, cogerá un berrinche. También deberíais recordar que su figura hecha con globos estallará a los dos minutos del final del espectáculo, lo que provocará entonces una auténtica crisis nerviosa (cuando estéis ya atrapados en el coche).

4 — Nada más divertido que una excursión a una granja.

Siempre y cuando tengáis en cuenta que vuestro hijo pillará un berrinche cuando lleguéis al gallinero y se vea rodeado por las gallinas, que empezarán a picotearle el pantalón, o cuando una vaca intente lamerle la cara.

5 — Nada más apasionante que una salida al cine.

Siempre y cuando tengáis en cuenta que el niño tendrá ganas de hacer pis cada 20 minutos y que se os dormirá en el hombro con las gafas 3D puestas. Es posible que tampoco se os hubiera pasado por la cabeza que la película de dibujos os gustaría más a vosotros.

6 — Nada más genial que ir a la piscina.

Siempre y cuando tengáis en cuenta que, más que nadar, os pasaréis la mayor

parte del tiempo en los vestuarios cambiando al niño y secándole el pelo

7 — Nada más reconfortante que un paseo por el bosque.

Siempre y cuando tengáis en cuenta que deberéis transformaros en un diccionario gigante y enfrentaros a 268 preguntas del estilo: «¿Por qué a los caracoles les gusta la lluvia?». Es posible que tampoco previerais que utilizaría todas las ramitas que se encontrara por el suelo como espadas (bueno, quizás esto último sí).

8 — Nada más emocionante que ir a patinar.

Siempre y cuando tengáis en cuenta que no es aconsejable antes de los cuatro años y que el niño querrá quitarse el casco porque pica.

9 — Nada más práctico que el parque o la plaza de al lado de casa.

Siempre y cuando tengáis en cuenta que volveréis a casa con una colección de 137 piedras, 94 ramitas y 36 piñas.

10 — Nada más relajante que ir a casa de los abuelos.

Siempre y cuando tengáis en cuenta que, esa misma mañana, vuestro hijo mostrará los primeros síntomas de varicela y os quedaréis atrapados... en casa viendo dibujos animados.

LAS FRASES FAVORITAS
de nuestros hijos

Si nosotros, como padres, repetimos continuamente «ven», «para», «ahí no», «quieto», «a recoger», «recoge tu habitación», etc., nuestros hijos son los reyes de la serie de réplicas que carecen de originalidad. Lo demostramos a continuación.

«¡No he sido yo!» y su variante: «Perdón», cuando tira algo en un momento en el que estáis a solas y no tiene a nadie a quien culpar.

«Ya está, ¡he acabado de recoger!», lo que suele significar: «Perfecto, todo está metido de cualquier manera en los cajones, o hecho una bola en el armario».

«¡Que no pasa nada, mamá!» Porque, claro, jugar a «morder el cable del ordenador» no entraña peligro alguno.

«¡Ya no eres mi amiga/amigo!» No pasa nada, porque vosotros sois su papá o su mamá. Aunque seguro que también os dirá: «Ya no eres más mi mamá/papá». Ni lo penséis.

«Él/ella ha empezado primero.» Vuestro hijo acusará sin vacilar a su hermano/hermana menor de tres meses...

«¡Ya no te quiero!» y su variante «¡No eres bueno(a)!». A lo que nosotros responderemos con cariño...: «No pasa nada, mi amor, yo siempre te querré por dos, pase lo que pase».

«¡Ya vooooooooy!» Y es cierto, cuando vuestro hijo diga que «ya va», es que ya va, dejad de preguntarlo cada diez minutos.

«¡No estoy cansado!» ¡Esta frase la soltará mientras bosteza como un león!

«¿Falta mucho para llegar?» Esta frase se transformará en: «Oh, no..., ¿ya estamos?» si compras un reproductor de DVD para el coche... ¡Tú decides!

«Mamá/Papá, ya he acabado...» Aunque no lo diga, lo que está implícito es «Mamá/Papá, ven a limpiarme el culete, el orinal, y después dame de comer...».

«¡No me gusta!» Lo que significa: «Ni siquiera lo he probado, pero estoy seguro al cien por cien de que prefiero comer chocolatinas que la asquerosa coliflor gratinada que me habéis hecho» (y que habréis tardado una hora en elaborar con mucho amor).

ANTES

CONCIERTO DE ROCK

DESPUÉS

COMEDIA MUSICAL INFANTIL

— 30 MENTIRIJILLAS —
que todos los padres dicen

*Todos los padres mienten... ¡Todos! Ya sea para proteger a sus hijos
de la dura realidad, para simplificar las cosas, por pereza, para mantener la paz,
por omisión, por ignorancia, cuando no sabemos la respuesta a una pregunta
rebuscada del niño, todos, sin excepción, utilizamos en algún momento
u otro la carta de la «mentirijilla». A continuación encontraréis las 30 mentiras
más frecuentes que hemos usado en algún momento de nuestra vida como padres
(esta misma noche, por ejemplo).*

1 — **«¡Vamos! Es hora de irse a la cama.»** En realidad, solo son las siete de la tarde, pero vuestro hijo todavía no sabe leer la hora. Algún día, pero no por ahora.

2 — **«¡Mmmh! Pruébalo, está muy rico, sabe a plátano.»** Sin duda, el medicamento sabe a plátano, pero ¿y el sabor amargo que se esconde detrás?

3 — **«¡Tu dibujo es fantástico!»** Ni se os pasa por la cabeza decirle a vuestro Picasso en ciernes que su dibujo parece más una boñiga de vaca que una obra de arte del MoMA.

4 — **«No, no sé dónde está el DVD de Frozen.»** Al fin y al cabo, después de haberlo rayado, pisoteado y tirado a la basura, aún tienes otros 25 para ver...

5 — **«Lo siento, no te puedo prestar mi teléfono porque no le queda batería.»** Para que no os pillen la mentira, evitad pronunciar esta frase mientras tecleáis y respondéis mensajes de móvil...

6 — **«Que sí... que papá y yo también nos vamos a dormir.»** Ir a dormir, según el momento, puede significar sentarse a la mesa, comer con calma, ver una película, beberse un mojito, daros mimos...

7 — **«No tengas miedo, el médico no hace daño.»** Técnicamente, el médico no le hace daño, sino el maldito oído; además, hoy no toca ninguna vacuna, así que no es una mentira del todo.

8 — **«No podemos tener un perro porque yo soy alérgica.»** Papá, por su parte, es alérgico a los gatos, a las tortugas, a los hámsteres, a los conejillos de indias y a los peces. Así que, entre los dos, sois alérgicos a TODOS los animales.

9 — **«Los huevos de Pascua de chocolate se han puesto malos y hemos tenido que tirarlos a la basura.»** En realidad, os los comisteis sin ningún remordimiento y con gran placer viendo la tele ayer por la noche.

10 «Si no te portas bien, los Reyes Magos no te traerán regalos.» El famoso chantaje que empieza a principios de septiembre y que, por desgracia, acaba en enero... Pero mientras sea posible, hay que utilizar todas las armas de las que dispongamos.

11 «Tu peluche se ha ido de vacaciones.» Por «vacaciones» se sobreentiende que debe de estar bajo la cama, en el coche de la abuela o en el banco del parque. Es posible incluso que se tome un par de años sabáticos.

12 «La tienda de juguetes está cerrada.» Ya estaba cerrada ayer y, probablemente, lo estará también mañana. Los propietarios se han ido al Polo Norte a buscar todos los regalos...

13 «Lo siento, ya no quedan galletas Petit Écolier®.» Pero cuando te vayas a la cama... mamá y papá compartirán el último paquete.

14 «¡Empate!» y su variante «Bravo, ¡me has ganado!» ¿No pretenderéis que nos creamos que no podéis correr más rápido que un chavalín que no levanta más de 91 cm del suelo, y que no pasa de los 3 km/hora? ¡Todo con tal de evitar una crisis!

15 «Pocoyo no sale ya en la tele.» Todo parece indicar que se ha ido de fin de semana con Dora y Bob Esponja.

16 «Si te comes todas las espinacas, te harás tan fuerte como papá, y si te bebes la leche, tan alto como mamá (siempre y cuando mamá mida más de 1,53 m...).» Sabemos que la genética es la responsable de nuestra complexión, pero como la leche es buena para la salud, no pasa nada por mentir un poco.

17 «No te pasará nada» y «Yo estaré siempre contigo.» Somos capaces de mover montañas por ellos, pero a pesar de todos nuestros esfuerzos por proteger a nuestros hijos, nunca tendremos el control total sobre la vida, que en ocasiones mostrará su lado más cruel e injusto.

18 «Papá y mamá estaban... echándose una siesta.» Ya llegará el momento en que podáis cerrar la dichosa puerta.

19 «¡Bravo! Has estado genial.» A priori, vuestra hija no será primera bailarina, y vuestro hijo no ha heredado el pie derecho de Zidane, pero no hay nada como los ánimos de unos padres para progresar.

20 «¡Enseguida llegamos!» ¿Podríamos decir la verdad a nuestro hijo en semejantes circunstancias? Imaginad qué ocurriría si le confesarais la verdad: «Hijo, quedan más de dos horas y cuarenta minutos para llegar...».

21 «Duérmete, y vendré a verte en cinco minutos.» No os quepa duda de que al cabo de un minuto escucharéis el clásico: «¿Vieeneees ya?».

22 «Ya veremos.» Dicho de otro modo, «eso no pasará jamás, ni siquiera en sueños...».

23 «¡Ahora voy, cariño!» Terminad lo que estéis haciendo, porque seguro que es más importante que ir a buscar el avión en miniatura que se ha quedado debajo de la cama del niño. Además, de ahí no se va a mover.

24 «Si bizqueas y hace viento, te quedarás así para siempre.» Dado que la elección de su ropa es ya bastante dudosa, pues no tenéis ni voz ni voto, será mejor no añadir otra capa.

25 «El ratoncito Pérez te dejará una moneda debajo de la almohada cuando se te caiga el diente.» Debe de ser el mismo ratoncito que fabrica dinero por las noches y se pasea con fajos de billetes.

26 «El pez rojo se ha ido a hacer un viaje muy largo y no volverá.» Sí, se ha marchado por las tuberías del lavabo... Como se dice, todos los caminos llevan a Roma, así que hay muchas posibilidades de que el pez llegue al mar en algún momento...

27 «Si no estás listo en tres segundos, me voy sin ti.» La vida puede cambiar en un momento. En poco más de un segundo vuestro hijo pensará que vais a abandonarlo.

28 «Si te haces pipí en la piscina, el agua se pondrá roja.» Esperemos que no quiera probar la experiencia, porque se llevará una decepción absoluta.

29 «Si te muerdes las uñas, tendrás apendicitis.» No, morderse las uñas no provoca apendicitis. No se conocen exactamente las causas de esta enfermedad, pero, en todo caso, no hay ninguna prueba de que haya una relación causa-efecto.

30 «¿El collar de macarrones que me regalaste para el Día de la Madre? No me lo pongo para no estropearlo.» Cualquier estilista estaría de acuerdo contigo, ese collar no pega con tu ropa. Así que no tienes más remedio que quitártelo por el bien de la moda.

¡Perfecto! Ya he hecho
algo importante hoy.

— LAS 11 MEJORES —
actividades que os pueden salvar la vida

*Todos los padres lo saben, no hay nada peor que hacer esperar a un niño
y pedirle a la vez que «no» haga nada, que «no» toque nada y que, además,
guarde silencio. Es como pedir a un gato que no deje pelos al pasar
sobre el sofá, o esperar que vuestra madre no os dé su opinión en todo
momento. ¡Es simple y llanamente imposible! No obstante, hay numerosas
situaciones que requieren que vuestro hijo conserve una calma estoica:
en el supermercado (incluso cuando ve la caja de Kinder® Sorpresa), en
la consulta del pediatra (cuando tenéis a cinco pacientes delante),
en el aeropuerto (cuando hay 163 personas que están facturando
sus maletas al mismo tiempo), en un probador (está prohibido tirar
de la cortina mientras mamá está en ropa interior), en el coche (cuando
estáis a punto de llegar)... Para paliar la realidad implacable,
proponemos una serie de juegos aprobados por las autoras
que mejorarán la paciencia de vuestros hijos.*

1 — **«Simón dice.»** Uno de los jugadores asume el papel de Simón y da las órdenes, y el otro las lleva a cabo, pero la orden debe ir precedida siempre por la fórmula «Simón dice». Si no se pronuncia la fórmula, el jugador no debe ejecutar la orden.

2 — **Contar en pasos de animales.** Mientras esperáis el autobús, por ejemplo, pedid al pequeño que se aleje un poco de la pared e intente adivinar en cuántos pasos de elefante llegará a tocarla. Y después en cuántos pasos de hormiga, de gacela, de león... Podéis completar el juego imitando el ruido de los animales al caminar.

3 — **Adivinanzas mágicas.** Imaginad preguntas relacionadas con la situación en la que os encontréis. ¿El pediatra llevará pantalón o falda? ¿Quién será la próxima persona en llegar a la sala de espera? ¿Qué línea de autobús será la siguiente en aparecer?...

4 — **Memory.** Proponed a vuestro hijo que observe durante 30 segundos el escaparate de una tienda (una panadería, una pescadería, un colmado, un supermercado...). Debe fijarse bien para repetir después el nombre de las cosas que ha visto sin volver a mirar: «cruasanes, magdalenas, barras de pan, brioches...».

5 **Asociación de palabras.** Proponed una palabra para que el niño diga otra del mismo campo léxico. Ejemplo con la palabra «mar»: «delfín, tiburón, barco, agua, pez...».

6 **¿En qué pienso?** Mientras vosotros pensáis en algún miembro de la familia, un animal o un color, el niño pregunta para adivinar en qué pensáis. Solo podéis responder con un sí o un no.

7 **El juego de los colores.** Elegid un color, el rojo, por ejemplo. El objetivo del juego es encontrar uno o varios «objetos» rojos. El primero que lo consiga puede elegir el siguiente color.

8 **¡Congelados!** Un minuto sin reír, sin hablar, sin moverte, es largo. A menos que vuestro hijo sea el encargado de vigilar.

9 **Risas o cosquillas.** Los dos participantes se colocan cara a cara, mirándose a los ojos, y sujetándose mutuamente por el mentón; el objetivo del juego es permanecer el mayor tiempo posible en esa postura sin esbozar la menor sonrisa. Pero las caras raras para hacer reír al otro están permitidas.

10 **Rueda de canciones.** Por turnos, cada uno canta una canción o entona una rima infantil. El primero que no sepa con qué canción seguir pierde la ronda. Durante una misma ronda, no se puede cantar dos veces la misma canción.

11 **A ciegas.** Hay que tararear una canción sin la letra. Puede ser la sintonía de unos dibujos animados, una canción o una rima infantil que el niño haya aprendido y sepa reconocer...

¿QUÉ TIPO DE ABUELOS
tiene vuestro hijo?

*Abuelos gagás, omnipresentes, permisivos, laxos, autoritarios,
ausentes, tradicionales, transmisores de saber y de historias,
referentes, canguros... En cualquier caso, la relación
de vuestros padres o vuestros suegros con vuestros retoños no depende
solo de ellos, sino también del lugar que les concedáis.*

1 — Cuando les anunciasteis que ibais a tener un bebé, ¿cuál fue su reacción?

A) «¡Ah! ¡Ya era hora!»
B) Inmediatamente os avisaron de que no harían de canguros.
C) Os acribillaron a preguntas.
D) Empezaron a pensar en todas las bobadas que podrían enseñarle.

2 — Cuando vais a almorzar a su casa con vuestro hijo, ¿qué han preparado?

A) Tenéis que llevar la comida para el pequeño porque no le han preparado nada.
B) Han preparado un entrante, un plato y un postre: el pequeño comerá lo mismo que los demás.
C) Han preparado muchas cosas, así podrá elegir lo que más le guste.
D) Han preparado un brunch con napolitanas de chocolate, cruasanes, crepes y churros.

3 — Cuando vuestro hijo tiene una rabieta porque quiere más bombones, ¿cómo reaccionan?

A) Repiten: «De tal palo tal astilla».
B) No dicen nada, vosotros sois los responsables de su educación.
C) Le echan la bronca, ¿a qué viene ese escándalo?
D) Llegan corriendo con una piruleta y una bolsa entera de golosinas.

4 — ¿Cómo llama vuestro hijo a sus abuelos?

A) Abuelo y abuela.
B) Por su nombre, porque si no se sienten demasiado viejos.
C) Yaya y yayo, seguido de su nombre o un diminutivo.
D) Con apodos inventados por vuestro pequeño.

5 ¿Tienen muchos juguetes para él en su casa?

A) Dos o tres que vuestro hijo se dejó en la última visita.

B) Sí hombre, ¿también tienen que dejarle una habitación para él solito?

C) Lo han comprado todo por duplicado y su casa parece una guardería.

D) Guardan todos vuestros juguetes, incluido vuestro peluche favorito.

6 Cuando les pedís que cuiden a vuestro hijo una tarde, ¿qué responden?

A) «Si no puedes buscar otra solución...»

B) «¿El martes por la tarde? Imposible, vamos a clase de bridge.»

C) «Teníamos cita en el dentista, pero tranquilos, la anularemos.»

D) «¿Y por qué no nos lo dejáis todo el día?»

7 ¿Qué podrían hacer los abuelos sin vuestra autorización previa?

A) Intentar que coma lengua de ternera estofada diciéndole que es lomo.

B) Enseñar vuestros boletines de notas al niño, sobre todo aquellos en los que hubiera comentarios como «no trabaja suficiente» o «no se calla ni debajo del agua».

C) Sacar todos los álbumes de fotos de familia, incluso los de 1984, cuando llevabais vestidos de princesita o de marinerito.

D) Regalarle a vuestro hijo el perro de sus sueños, o un poni, con tal de tenerlo contento.

Respuestas

Si la mayoría de las respuestas son de la opción A
No os podéis quejar demasiado, su abuela podría haber sido Ana Obregón.

Si la mayoría de las respuestas son de la opción B
No os podéis quejar demasiado, su abuela podría haber sido Marisa (de la telecomedia *Aquí no hay quien viva*).

Si la mayoría de las respuestas son de la opción C
No os podéis quejar demasiado, su abuelo podría haber sido el anciano gruñón de *Up*.

Si la mayoría de las respuestas son de la opción D
No os podéis quejar demasiado, su abuela podría haber sido la madrastra de Blancanieves.

— ANÉCDOTAS —
en el parque

ESCENA EN EL PARQUE N.º 1

«¿Qué edad tiene?»

–Solo tiene un añito.

–¡Ah! ¡Muy bien! ¿Y ya camina?

–No, todavía no.

Inicio de la exasperación

–Ah, no te preocupes, ahora que ya gatea empezará a caminar.

–No, de hecho no gatea, más bien se arrastra.

Inicio del enfado

–¡Vaya! A su edad es extraño, ¿no? ¿Lo has llevado al médico para asegurarte de que no tiene ningún problema en la cadera? El sobrino de mi sobrina tenía un problema congénito y, de golpe, tuvieron que operarlo...

En este preciso instante, estás en todo tu derecho de irte sin más.

ESCENA EN EL PARQUE N.º 2

«¿Cuántos años tiene tu hijo?»

– Eh..., en realidad... es una niña.

– ¿Ah sí? Pues para ser una niña no tiene casi pelo.

Inicio de la exasperación

– Sí, efectivamente, pero ya le crecerá.

– Tal vez, pero tardará bastante en parecer una niña.

Inicio del enfado

–¿Has pensado en ponerle una peluca para evitar cualquier confusión?

En este preciso instante, estás en todo tu derecho de irte sin más.

¡¿QUÉ?!

¡¿Cómo que ya no es un bebé?!

Todo el mundo os lo decía... «¡Aprovechad ahora, que se pasa muy rápido!» Todavía lo veis como una ranita dormida en vuestro hombro (sucio), como un gatito estirándose con sus deditos. ¡Y ahí lo tenéis! Sin avisar, la ranita se ha convertido en un príncipe, el gatito en un gatazo que maúlla porque ya no quiere leche sino croquetas. Y sí, ahora, vuestro pequeñín, vuestra ricura forma parte de lo que más comúnmente se llama «los niños». Sabe exactamente lo que quiere y os lo hace saber a fuerza de cristalinas vocalizaciones. Es el gran momento de prepararos para afrontar un nuevo mundo, para convertiros en «padres de un alumno». Tenéis que dejarlo crecer, explorar, mientras continuáis protegiéndolo, mimándolo. Y luego, quizá llegue el momento, quién sabe, de empezar a pensar en aumentar la familia y dejarle su sitio de «mayor».

— COMPARACIÓN —
de nuestras actitudes hacia un primer hijo y los siguientes...

Es un hecho: ¡no actuamos de la misma manera con un primer hijo que con los siguientes! Como se dice, el primero estrena la casa. Hacemos nuestro rodaje, probamos nuestros límites. Los siguientes se benefician a menudo de un trato de favor y se libran de los errores de los padres inexpertos. Pero tranquilizaros, ¡(casi) todo el mundo pasa por eso!

Para el bebé n.º 1	Para los otros
Rellenamos cuidadosamente el diario del bebé, pegamos las fotos, las ecos, y escribimos todo lo que sentimos. Hacemos un *time-lapse* con una foto mensual de nuestro vientre para mostrar a todo el mundo hasta qué punto somos unos futuros padres felices.	Olvidamos comprar el diario de nacimiento y guardamos las fotos de las ecografías en el dosier médico. Hacemos un *time-lapse* saltándonos el 2.º, el 4.º y el 7.º mes. También nos hemos olvidado de avisar a la tía abuela de la buena noticia.
Pedimos que nos regalen un cochecito 3 en 1, con el capazo y la Maxi-Cosi, y un fular portabebés que a los dos meses todavía no conseguimos ponernos bien.	Revendemos el cochecito 3 en 1 en Internet y compramos el más manejable y ligero del mercado totalmente plegable. Nos hemos convertido en unos profesionales del fular portabebés y sabemos hacer todo tipo de nudos.
Invertimos en un robot de cocina para los purés del bebé y las compotas. Compramos verduras frescas en el mercado y cocinamos todo en casa. Medimos las cantidades exactas recomendadas por el pediatra.	Seguimos dando potitos de hasta 12 meses al niño que ya tiene 17. A los 9 meses, hacemos comer al bebé como al resto de la familia. Unos espaguetis a la boloñesa pasados por el túrmix no pueden ser malos.
Nos preguntamos si preferimos parir con o sin epidural, si optaremos por la clínica o el hospital. Pero una cosa es segura, no nos perderemos las clases de preparación al parto.	¡Ni se plantea no ponerse la epidural! Y esperamos que no nos den cinco puntos en la episiotomía. ¿Y las clases de preparación al parto? ¡No, gracias, lo tenemos todo grabado en la memoria!
Nos pasamos 1.437 horas en Internet, entre los foros, las páginas para elegir la decoración de la habitación del bebé y las páginas especializadas. Incluso nos hemos hecho una tabla Excel con todo lo que hay que meter en la maleta para ir a la Maternidad. ¡Y seguimos los programas sobre futuras mamás en redifusión!	Endilgamos la cuna y la cómoda al bebé n.º 2 y compramos una habitación de «mayor» al bebé n.º 1. Para ir a la Maternidad reciclamos los vestidos del bebé n.º 1, pero esta vez, no ponemos nada de la talla 0. ¡En cambio, no olvidamos la tablet!

— LA LEY DE MURPHY —
de los padres

1 **Si quieres dormir hasta tarde,** se despiertan al alba.

2 **Si pones una colcha nueva,** hacen caca en ella directamente.

3 **Si friegas el suelo,** tiran el bol de cereales.

4 **Si te vistes de negro,** te estornudan encima (y te dejan una mancha blanca).

5 **Si hablas por teléfono,** gritan «¡me he hecho caca!».

6 **Si se te escapa la menor de las palabrotas,** la repiten sin cesar.

7 **Si es importante,** lo olvidan completamente.

8 **Si el salón está arreglado,** lo dejan todo patas arriba.

9 **Si tienes una entrevista de trabajo hiperimportante,** se ponen malos.

10 **Si estás a punto de llegar,** se duermen en el coche.

— PADRES, —
considerad una reconversión profesional

Estimados demandantes de empleo:

He recibido su hoja de inscripción y he tomado nota de los puestos de trabajo que solicitan. No obstante, permítanme algunas observaciones. Me indican que no tienen más formación profesional que la que cursaron durante sus estudios. Me parece que gracias a su cualificación como «padres experimentados», actualmente pueden tomar en consideración una reconversión profesional en diversos sectores susceptibles de interesarles. Les dejo descubrirlos en el documento adjunto y les doy cita para el mes que viene para analizar su situación.

Cordialmente,

Juan González,
su asesor en la Oficina de Empleo

ANEXO 1

Lista de oficios compatibles con una formación como padre (formación continua pendiente de validar)

Convertirse en padre significa tener la oportunidad de formarse en numerosos oficios diversos y variados, aunque ser padre puede ser considerado como una profesión en sí misma (una profesión precaria, eso sí, con abrazos y besos, pero en la que no hay reducción de jornada, no se contabilizan las horas extras, etc.). Y los que pretenden que es el oficio más bonito del mundo no están totalmente equivocados; en todo caso es el oficio más completo y variado que pueda haber. Pero también es la profesión más compleja, ya que no hay ningún manual de instrucciones, ni formación ni periodo de prácticas antes de acceder al puesto.

Profesiones del ámbito sanitario

♥ **Enfermero:** ¿una pupita? Siempre tienes el botiquín a mano.

♥ **Cuidador:** sabes velar por tu hijo las 24 horas del día.

♥ **Pediatra:** conoces la diferencia entre los granos de la varicela y la roséola.

♥ **Farmacéutico:** te sabes los prospectos de 136 medicamentos de memoria.

Profesiones de la función pública

♥ **Maestro de primaria:** te sabes las tablas de multiplicar de memoria.

♥ **Auxiliar de guardería:** distingues perfectamente entre las heces sueltas y las heces líquidas.

♥ **Agente de seguridad:** cuando hay que dar un puñetazo en la mesa y castigar, pones la voz ronca.

♥ **Negociador del grupo especial de operaciones:** tienes modo y manera de obtener lo que quieres... a cambio de un bombón o de unos dibujos animados.

♥ **Abogado:** sabes argumentar y conquistar a tu auditorio para que se sume a tu causa.

♥ **Juez:** ya has conseguido desempatar entre tu hijo y su padre en un concurso de pedos.

Profesiones del mundo de la moda

♥ **Estilista:** reconoces que la ropa de Dora es realmente muy fea.

♥ **Costurera:** después de 7.263 recosidos, se puede decir que sabes poner el hilo en la aguja.

♥ **Lavandera:** después de 15.748 lavadoras, ya no te encogen los jerséis de lana.

♥ **Peluquera:** después de 2,474 trenzas por noche, ya estás acostumbrada.

♥ **Esteticista:** le has pintado las uñas de los pies a una niñita de dos años y medio, sabes hacerlo... sin salirte.

Profesiones del mundo del espectáculo

♥ **Payaso:** eres la campeona en bromas de Fofito, experta en Milikito, y algunas noches llevas una narizota colorada después de tres mojitos.

♥ **Malabarista:** haces malabarismos entre tu vida privada y tu vida profesional desde hace un buen rato.

♥ **Domador de fieras:** ¡que vengan a explicarte cómo alimentar a los leones! Hacerlos callar, en cambio...

♥ **Mago:** eres muy hábil haciendo desaparecer una nariz, una moneda, un DVD de Peppa Pig que te está taladrando la cabeza...

♥ **Marionetista:** al guiñol que no se comporte, le arrearás tres bastonazos.

♥ **Ratoncito Pérez:** sabes cómo deslizar una moneda bajo la almohada sin que te pillen.

● **Papá Noel:** en el concurso de «¡Jo, jo, jo!» conseguiste la medalla de oro y nadie te gana a bajar por la chimenea.

● **Cantante:** *Violetta* y *Frozen* no tienen secretos para ti, puedes incluso cantarlas en fa sostenido.

● **Animador:** sabes cómo calentar la sala para arrancar los aplausos.

● **Conductor:** ¡llevar puntualmente a la gente es tu especialidad!

● **Actor:** eres único/a simulando un: «¿Es para mí? ¡Gracias! ¡Tu dibujo es sublime!».

● **Agente artístico:** ¿quién mejor que tú para elogiar y dar a conocer los talentos de un artista? Ya tienes convencida a la familia para reservar la sala de fiestas para 2027, cuando a tu hijo le den el premio Goya al mejor actor.

Profesiones del sector servicios

● **Cocinero:** con lo que hay en la nevera (una zanahoria, queso comté y un poco de pollo) haces una maravillosa versión del colombo de pollo antillano.

● **Empleado de un banco de inversiones:** ya tienes pensado contactar con Nenuco® para que lance una OPA contra Dodot®.

● **Detective privado:** cuando se trata de encontrar al pequeño delincuente que ha arañado a tu angelito toda violencia está permitida.

● **Decorador de interiores:** si has conseguido decorar una habitación estilo *Cars* o Princesa Disney, has logrado lo más difícil.

● **Mujer de la limpieza:** vas por ahí limpiando lo que ensucia todo el mundo, aunque tu esfuerzo no dure ni cinco minutos.

La vuelta al cole

— 10 SIGNOS —
que prueban que ya no sois unos padres «jóvenes»

1

Vuestro hijo os hace bromas y comprende vuestro estado de ánimo (incluso el malo).

2

Habéis comprado una mochila para la vuelta al cole.

3

Miráis *Las aventuras de Dora la exploradora.*

4

Vuestro hijo sabe ponerse los pantalones él solo (y del derecho).

5

Vuestro hijo calza un 28 (y vosotros un 36 y un 43).

6

Os separan menos de 80 cm.

7

Vuestro hijo sabe mejor que vosotros los nombres de los animales.

8

Vuestro hijo reconoce su nombre.

9

Vuestro hijo va al baño solo.

10

Vuestro hijo duerme en una cama grande (y no es la vuestra).

¿Estáis preparados para

tener otro hijo?

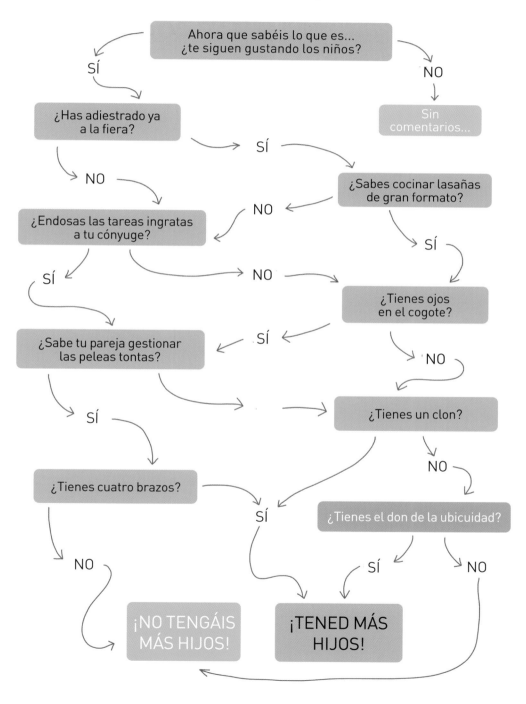

Ahora que sabéis lo que es...
¿te siguen gustando los niños?

SÍ

NO

Sin comentarios...

¿Has adiestrado ya a la fiera?

SÍ

NO

¿Sabes cocinar lasañas de gran formato?

NO

¿Endosas las tareas ingratas a tu cónyuge?

SÍ

NO

SÍ

¿Tienes ojos en el cogote?

¿Sabe tu pareja gestionar las peleas tontas?

SÍ

NO

SÍ

¿Tienes un clon?

¿Tienes cuatro brazos?

SÍ

NO

NO

¿Tienes el don de la ubicuidad?

SÍ

NO

¡NO TENGÁIS MÁS HIJOS!

¡TENED MÁS HIJOS!

CONCLUSIÓN

———

¿En qué consiste convertirse en padre?
En saltar con los pies juntos a una piscina sin haber aprendido a nadar...
¿No eres un nadador profesional? Pues bien, ¡tampoco yo! Como tú,
he tragado agua. Y estaba salada. Como tú, he aprendido a bracear
(y algo diferente al viento) y he tenido la impresión de ahogarme.
Como tú, he salido del agua con el pelo pegado a la cara y con un aspecto
de lo más ridículo. Como tú, he aprendido a hacer el muerto y a flotar de
espaldas y he acabado por perder el equilibrio y encontrarme boca abajo.
Como tú, me he visto arrastrada por una ola y he tenido miedo.

También he perdido pie. Pero, como tú, me he zambullido
(e incluso he vuelto a hacerlo desde más arriba) para apreciar la belleza
que aporta esta magnífica aventura. Realmente vale la pena.
Sí, te hará falta mucho valor.

A veces, tendrás la necesidad de un monitor de natación que te respalde,
de un flotador para mantener la cabeza fuera del agua, de una tabla
para mantenerte estable. Todos, hasta los mejores,
tenemos necesidad de algo que nos tranquilice.
Después de todo, ¡solo somos humanos!

Pero, sobre todo, recuerda que no hay una sola manera de nadar...
Eres tú quien siente el agua deslizarse sobre tu piel, quien sabe
a qué ritmo respirar, qué movimiento adoptar.
Y si no sabes, tu renacuajo te enseñará...

Agradecimientos de las autoras

Camille Skrzynski

Un inmenso gracias y todo mi reconocimiento a los que me han apoyado a lo largo de este proyecto, ¡pero sobre todo a los que sufren y me ayudan a pesar de mis imperfecciones desde hace años!

GRACIAS a mi coautora preferida, mi Candice, por haber llamado un día a mi puerta, por haber sabido siempre valorarme, tranquilizarme, motivarme, escucharme y contagiarme con tu apasionada energía. Te profeso una gratitud inmensa y una admiración eterna; ahora que hemos hecho este libro juntas, puedo decir que estamos ligadas de por vida... (en el próximo libro, ¡te pido en matrimonio!).

¡Gracias a mi cariñito, mi musa, por ser mi mayor fuente de inspiración en esta aventura y en el día a día! Representas toda mi razón de vivir, llenas mi existencia, le das un sentido y me impulsas a diario para seguir avanzando... (relee esto cuando tengas la crisis de adolescente y pienses que tu madre no es del todo *guay*).

Mi Chachat, mi hombre sentado, fan de la primera hora, *coach*, psicólogo y mejor amigo: gracias por tu paciencia, por tu capacidad para escuchar y por la fuerza increíble que sabes transmitirme.

Mil gracias a mi mamá por haber sabido y creído siempre que dibujar no era solo un pasatiempo.

A mi hermana Claire por haber sabido guiarme a lo largo de los caminos de la maternidad, tanto en los peores como en los mejores momentos...

Gracias a los que me han dado una oportunidad, los que me han abierto las puertas: Isabel, Jérôme, Ouest-France 61 y tantos otros, pero sobre todo a los editores de Marabout. ¡Particularmente a Amélie, a quien otorgo el trofeo de la paciencia!

Un gracias inconmensurable a mi familia de corazón, StarTech61; sois un apoyo precioso para mí. Line, mi mamá espiritual, por fin he entendido: mi tercio de suerte ¡eras tú!

Gracias a los amigos que me han soportado durante toda esta aventura, que me han ayudado a mantener la cabeza fría y que siempre saben alegrarse por mí: ¡las Girls power, Bibi, Karine & Fred y mi vikingo!

Todo mi reconocimiento a mis otros amigos y allegados que de cerca o de lejos han contribuido a este proyecto, que arranca del (no tan) simple hecho de ser padre.

Bueno Manon, ahora es a ti a quien agradezco tu amistad extraordinaria, que me demostraste con creces hace seis años, y por ser una madrina de oro. ¡Tengo prisa porque te unas al Gremio de los Padres Imperfectos para poder devolverte el favor!

Gracias a todos mis lectores y fans que me animan cada día... ¡¡podéis seguir!! XD

Candice Kornberg Anzel

A mis amigos, tan imperfectos como maravillosos. Compartir nuestras complicaciones cotidianas, evidentemente, ha alimentado este libro.

A mis familias imperfectas, que hacen tintinear los vasos de vodka y los vasos de mojito.

A mis padres imperfectos, que me han enseñado que lo más importante es saber recibir y dar amor. Vuestros valores me acompañan en mi camino y nunca me abandonarán.

A mi hermano Benjamin, que está lejos, al que echo de menos tan a menudo y con quien comparto una relación fuera de lo normal alimentada con juegos de palabras verdaderamente horribles.

A mi pareja, Damien, cuyas imperfecciones encajan tan bien con las mías. Sigamos haciendo lo que sabemos hacer mejor... ¡amarnos!

A Sacha y Adam, mis dos muchachos tan perfectamente imperfectos, que tanto me hacen reír, que me aportan tanta alegría que me dan ganas de ser tan fuerte como Hulk. ¡Sois mi mayor orgullo!

A Camille, que ha confiado en mí y se ha lanzado a esta loca aventura a lápices abiertos. Gracias por esos momentos compartidos y esa conexión excepcional. Nuestras risas locas en aquel café de Montmartre permanecen grabadas en mi memoria. ¡Gracias por este hermoso bebé que hemos alumbrado! Repetimos cuando quieras...

A Amélie, por su paciencia, su benevolencia, su entusiasmo comunicativo, por haber tenido las agallas de editar libros que hablan de «canastillas», pero también del «estilo perro».

Al equipo de Marabout, que nos ha recibido con una cálida acogida y ha concretado este proyecto.

A vosotros, lectores imperfectos... vuestros mensajes, vuestros «te quiero», vuestros ánimos confortan mi corazón cada día. Gracias por vuestro apoyo constante a mi blog Family-Deal desde 2011. Es una felicidad ir a currar por las mañanas con una sonrisa.

Título original: *Votre bébé de 0 à 3 ans*

Primera edición: febrero de 2016

© 2015, Hachette Livre (Marabout)
© 2016, de la presente edición en castellano para todo el mundo:
Penguin Random House Grupo Editorial, S.A.U.
Travessera de Gràcia, 47-49. 08021 Barcelona
© 2016, Julia Alquézar Solsona, por la traducción

ISBN: 978-84-16449-00-2
Depósito legal: B-25934-2015

Concepción gráfica y realización: AAAAA-Atelier
Maquetación: Gama, S.L.
Impreso en Gráficas 94, S.L.
Sant Quirze del Vallès (Barcelona)

DO 49002

Penguin
Random House
Grupo Editorial